청록파의 시 세계

청록파의 시 세계

인   쇄 / 2019년 1월 15일
초판1쇄발행 / 2019년 1월 21일

지 은 이 / 이종우
펴 낸 곳 / 양상구
웹디자인 / 김초롱
펴 낸 곳 / 도서출판 채운재
주   소 / 04553 서울시 중구 삼일대로6길 13
            (서울빌딩 202호)
            Tel. (02) 704-3301
            Fax. (02) 2268-3910
            H.P. 010-5466-3911
            E-mail. ysg8527@naver.com

정   가 / 13.000원

※ 작가와의 협의하에 인지는 생략합니다.
※ 파손 및 잘못된 책은 교환해 드립니다.

책을 발간하며

  글은 살아 있어야 한다. 시대가 바뀌어도 그 정신이 있어야 한다.

  이번 이 책은 1987년 학위논문 「청록파 시연구 - 1940년대 초기시를 중심으로」를 보완하고, 이어 쓰여진 「1940년대 시의 양상」을 첨가하여 만들었다. 그 이유로는 무엇보다 원본의 내용이 훼손되어 있고, 시의 원리 및 이해에 도움이 될 것으로 보임과 아울러, 산업화와 황금만능시대에 청록파(자연파)의 재조명은 익미있는 일이기 때문이다.

  이 글은 꽤나 자세한 편이어서 88년 이후 자연파 연구를 가미한다면 좋은 글이 될 것이다.

  나이 들어 학문에 더욱 애착이 간다. 숨 쉬는 날까지 놓지 않을 것이다. 이 모두 하나님의 은혜라 생각하며, 이 책이 나오기까지 채운재 양상구대표와 편집부에 감사드린다.

2019년 1월

중평재에서 이 종 우

차 례

책을 발간하며 …………………………… 3

Ⅰ. 청록파 시 연구 …………………………… 9

Ⅱ. 1940년대 시의 양상 ………………… 125

I

청록파의 시 세계 연구

제1장 머리말
    1. 연구 목적 및 의의
    2. 연구사 검토 및 문제 제기
    3. 연구 범위와 방법

제2장 세 시인의 초기시의 양상
    1. 조지훈의 시 세계
        시적 변모와 관조(觀照)의 미학
    2. 박목월의 시 세계
        개인의식의 상승과 순수서정
    3. 박두진의 시 세계
        화해의 세계로의 지향과 기다림의 미학

제3장 세 시인의 작품에 나타난 시적 특질 비교
    1. 자연 수용의 양상
    2. 「시적 자아」의 분석
    3. 현실인식의 문제

제4장 청록파의 시사적 의의

제5장 맺음말

참고문헌

제1장 머리말

1. 연구 목적 및 의의

본 연구는 1940년대 시문학의 양상을 고찰하려는 한 부분으로써 이른바 청록파 세 시인, 조지훈, 박목월, 박두진의 시 세계를 보고자 한다.

1940년대의 상황은 크게 세 가지 역사적 사실 즉, 참담한 강점기 말기와 조국의 회복과 혼돈 그리고 국토의 분단을 공유하고 있다. 여기서 제기되는 것은 남북분단으로 통일된 역사를 잃으므로써 새로운 전개양상을 보인다는 점이다. 이러한 의미에서 1940년대의 문학은 분단 이전의 문학으로 잡아볼 수 있다.1) 일제 말기의 억압과 그 탈피라는 엄연한 역사적 구분과 상황의 변화에도 불구하고, 1940년을 전후해서 분단이전으로 40년대의 문학을 묶어 보려는 의도는 역사적 상황과는 달리, 실제 우리문학, 특히 시문학에 있어 계기성(繼起性)을 갖기 때문이다. 이 점은 이 글에서 논의될 세 시인에게서 확인된다. 그들이 발간한 『청록집』(1946)은 일제 말기에 쓰여진 시들이지만, 해방이후에 그대로 발표되었던 것이다. 그러면서도, 그것이 소위 해방공간에서 정신사적 의의를 띤다.2) 하면, 두 역사적 상황 즉, 식민지 말기와

---

1) 이를 그 성격에 의해 전기(1940년 전후~해방)과 후기(해방~1948.8)로 나누어 볼 수 있다.
2) 김윤식, 한국현대문학사, 일지사, 1946. 35쪽

해방공간의 계기성으로 인해 1940년대로 묶어 시문학을 볼 수 있다고 생각한다. 이는 좀 더 세심한 고찰이 필요하지만, 일제 말기의 문학적 공백과 상흔을 메꾸려는 의도와 우리문학의 전통을 지속시키는 의미를 갖고 있다. 이러한 면에서 청록파 세 시인의 초기시 연구는 중요한 의의가 있다.

또, 여기서 고려해야 할 사실은 광복이 주는 의미가 문학에 구분의 선을 명확하게 긋지 못하는 데 있다. 광복이 우리의 투쟁에 의해 얻어지지 않고 그야말로 「도적같이 온 해방」[3] 이었으므로 그것을 예비하는 시간과 문학적 정돈이 없었던 것이다. 그러므로써, 해방을 노래한 시집[4] 이 간행되었지만 그것이 해방의 감격적 차원에 머물고, 깊이있는 의미와 그 정립을 보여주지 못했다.

이러한 1940년대의 시사적 맥락속에서 세 시인의 초기시의 양상을 살펴, 그들의 시사적 의의를 분명히 하고자 한다.

그들의 초기시는 식민지 말기의 암흑기의 문학[5] 또는 공백기의 문학[6]을 메꾸어 주는 역할과 해방이후 좌우익문단의 대립과 혼란 속에서 순수시의 방향을 제시함과 아울러, 민족적 동일성을 회복하는 역할을 동시에 짊어지고 있다. 이러한 의미에서, 청록파를 한국문화의 전체적인 붕괴 속에서 급한 대로 단편적인 피난처를 구한 결과[7]로 볼 수는 없다. 그들의 시가 대체로

---

3) 함석헌, 뜻으로 본 한국역사, 제일출판사, 1965. 330쪽
4) 해방기념시집(중앙문화협회, 1945.11.), 『년간조선시집』(문학가동맹시부위원회편, 1946.12.) 『해방기념13인집』(우리문학사, 1946.)
5) 백철, 신문학사조사, 신구문화사, 1982. 470~490쪽 참조
   장덕순, 한국문학사, 동화문화사, 1981. 440~472쪽 참조
6) 조연현, 한국현대문학사, 성문각, 1980. 585~595쪽 참조
7) 김우창, 궁핍한 시대의 시인, 민음사, 1978. 57쪽

식민지 상황에 적극적인 저항을 보이지는 않았으나 암흑기의 어두운 정서를 승화시켜 나갔고, 민족적 가치관의 혼란을 한국적 정조로 이끌 민족적 동일성을 회복할 가능성을 제시해 주고 있다.

이 시기에 중요한 것은 개인의 서정과 사회나 현실과의 관계 속에서 시가 어떻게 존재하느냐 하는 문제일 것이다. 이러한 관점에서 그들의 초기시를 살펴 1940년대 시의 존재 양상을 조명하고자 한다.

2. 연구사 검토 및 문제 제기

청록파 세 시인은 해방이후 『청록집』을 간행하면서 중요한 정신사적 의미를 갖게 되며, 1940년대의 귀중한 문학적 소산으로 평가되고 있다.

그들의 시에 대한 평가는 현재에 이르기까지 다양하게 이루어져 왔다.

1940년대의 시사적 맥락 속에서 파악한 오세영은 「1940년대의 시와 그 인식」[8]에서 청록파가 암흑기에 문학적 순수성을 지키고 민족문화의 맥을 계승한 시인으로 보고 있다. 이에 대해서는 문학사적 의미에서 다시 언급이 되겠지만, 한국 서정시의 새로운 지평을 열어주었다[9]는 평가는 포괄적인 의미를 갖는다 하겠다.

청록파를 뭉뚱그려 평가하기 시작한 것은 김동리의 「자연의 발견」[10]에서 인데, 시사적 흐름속에서 그들이 자연으로 기울게 된 필연성을 지적하여 「문학사적 의미에 있어 자연의 발견」으로 보았다. 1930년대 시문학파 내지는

---

8) 오세영, 한국현대시사연구, 일지사, 1983. 466~487쪽 참조
9) 오세영, 윗글, 486쪽
10) 김동리, 문학과 인간, 백민문화사, 1948.

모더니즘은 그들 나름대로의 공과가 인정되지만, 그들이 갖는 기교와 메카니즘을 극복하는 데에 청록파의 임무가 주어졌던 것으로 보았다. 이후 그들의 자연의 의미 해석은 계속 언급되어 왔다.11) 물론, 세 시인은 그 소재에 있어 공통으로 자연을 추구하였지만 나름대로의 개성을 갖고 있어, 개별적인 특성도 함께 논의되었다.

반면, 김춘수12)에 의해 형식 분석을 통해 청록파에 대한 유파(ecole)로써의 문제가 제기되어 이에 대한 연구13)와 동조가 있어왔다. 그러나, 청록파로 뭉뚱그림은 공통된 생리와 동질성14)말고도 『청록집』이 갖는 시사적 의의에서 찾을 수 있으며, 유파로서 단정한 것은 아닐 것이다.15) 그들의 초기시 이후 다양한 시적 변모를 겪고, 그 공통점이 희미해져 독자적인 시세계로 보고자 함은 당연한 일일 것이다.

세 시인의 시를 독자적으로 보더라도 그들을 비교내지는 의식한 평가가 많다. 어쨌든, 그들이 갖는 시적 공시성과 유사성 속에서도 개성이 드러남으로, 연구사 검토도 다소 중복되는 감이 있더라도 개별적으로 볼 필요가 있다.

---

11) 조연현, 한국현대작가론, 신구문화사, 1953.
12) 김춘수, 청록집의 시 세계, 세대 통권 1호 1963.6.
  자유시의 전개, 청록집기타, 현암사, 1968.
13) 양왕용, 청록집을 통한 삼가시인의 작품연구 - 세칭 청록파에 의문을 제기하면서, 경북대학원, 1968
  김봉군, 청록파의 ecole시비, 국어교육21집, 1973.6.
  정창범, 박목월의 시적 변용, 현대문학, 1979.2.
14) 박두진, 청록집 이후, 서문, 현암사, 1968.
  정한모, 앞의 글, 304쪽
15) 문학 유파는 공통적 취미, 사상 또는 친분 관계에 의해 하나의 집단으로 뭉쳐서 서로 창작 활동을 자극, 격려하여 합동 작품집으로 발표하고, 문학적으로 명성과 지위를 형성하면 유파에 초연하게 처신(이상섭, 문학비평용어사전 82~83쪽)

조지훈의 초기시 연구는 대략, 1) 제재와 주제의 파악에 의한 내용연구 2) 시적변모 양상의 고찰 3) 형태론적 접근 등으로 나누어 볼 수 있다.

1) 김동리에 의해 청록파와 함께 시사적 의미가 주어져[16], 그 성격으로 민족적 경향과 선적(禪的)인 두 경향으로 파악되었다. 제재와 관련해서는 고전적 균형과 조화의 미[17], 고전적 풍아(風雅)[18] 등으로 언급되었다.

김종길[19]은 「완화삼」 「송행」 등이 한시적 발상임을 지적하고 불교적 내지는 선적 요소를 내포한다 보았는데, 한시 수용의 문제는 이동환[20]에 의해 다루어졌고, 선에 대한 관심은 지속되어 김해성[21], 김용태[22], 박희선[23] 등에 의해 언급되었다.

신동욱[24]은 시대에 처한 신념과 자세를 살펴 그의 시에 저항의식과 상황의 극복을 의지화함이 드러난다 보고, 전통에의 자세로 보았다.

김종길[25]은 조지훈 시의 계보를 밝혀, 시의 경향을 분석하였고, 서정수[26], 최창록[27] 등에 의해 자연에 대한 의미 연구도 지속되었다.

---

16) 김동리, 앞의 책
17) 백철, 신문학 사조사, 백양당, 1949.
18) 조연현, 앞의 책
19) 김종길, 조지훈론, 청록집 기타, 현암사, 1968.
20) 이동환, 지훈 시에 있어 한시 전통, 조지훈 연구, 고대출판부, 1978.
21) 김해성, 선적 시관고, 한국현대시 비평, 1976.
22) 김용태, 조지훈의 선관과 시, 수연어문논집 3집, 부산여대, 1975.
23) 박희선, 지훈의 초기 작품에 나타난 선취, 시문학, 1975.6.
24) 신동욱, 조지훈론, 현대문학, 1965.11.
25) 김종길, 조지훈 시의 계보, 조지훈 연구, 1978.
26) 서정주, 한국의 현대시, 일지사, 1969.
27) 최창록, 앞의 글

김흥규[28]는 조지훈 시에 계승된 전통성을 올바르게 인식하기 위해 존재론적 천착이 요구됨을 주장하였고, 정한모[29]는 추천시기의 「고풍의상」과 「화연기」의 두 경향을 분석하고 그의 전통적 특성을 살폈다. 김윤식[30]은 그의 전통성을 시인하면서도, 조숙성과 조급성, 또는 심정의 좁힘과 넓힘의 문제에서 오는 그의 시적 실패나 성취를 살폈다. 오탁번[31]은 지훈시의 율조, 비유와 상징, 의미와 이해등을 살피고 있다.

송재영[32]은 시의 전통성에서는 생성과 소멸, 순응과 거부의 과정이 있는 바, 그의 리리시즘이 한시나 시조와 관련된 순응적 복고적 미학의 한계를 지적하고, 그의 선시적 특성을 부인하는데, 시의 원숙성의 문제를 들고 있다. 김용직[33]은 그의 시가 전통성과 현대성을 갖으면서도 실패한 까닭을 살펴, 허술한 시관(詩觀), 서민대중을 외면한 선비정신, 시대적 압력, 해방 뒤의 시와 비시(非詩) 의 혼동 등을 지적하고 있다.

2) 박두진[34]은 그의 시정신을 살핌과 아울러 그의 시를 3기로 나누어, 고전, 자연, 자아를 중심으로 파악하였다.

양왕용[35]은 삶과 시적 변모 과정의 연관성을 살펴 초기시를 구분하고 그

---

28) 김흥규, 조지훈의 시 세계, 심상, 1977.2.
29) 정한모, 초기 작품의 시 세계, 조지훈 연구, 고대출판부, 1978.
30) 김윤식, 심정의 좁힘과 넓힘의 문제, 한국근대문학사사상, 서문당, 1973.
31) 오탁번, 지훈시의 의미와 이해, 현대문학 산고, 1979.
32) 송재영, 조지훈론, 창작과 비평, 1971, 가을호
33) 김용직, 현대시와 전통의 계승, 심상, 1983.12.
34) 박두진, 한국현대시론, 일조각, 1970.
35) 양왕용, 조지호의 시, 현대시학, 1973.2.

특성을 살폈다.

김봉균36)은 그의 생활과 밀착된 시적 변모 과정을 살피고 그의 시에 있어 전통 지향의 미학을 지적했다.

3) 형태론적 접근은 김춘수37)에 의해 시의 형태 문제와 운율과 리듬에 대해 언급되고, 그 외에 양왕용의 논고가 있다.

박목월의 초기시 연구도 대체로 1) 제재 및 주제의 파악에 의한 내용연구 2) 시적 변모양상의 고찰 3) 형태론적 접근으로 대별할 수 있다.

1) 김동리38)에 의해 「자연」과 「향토적 정서」로 언급된 이후, 서정주39)는 남방적 정서를 강조하였고, 박두진40)은 짙은 향토색을 배경으로 한 소박한 자연으로, 또 동양적 자연과 정서에서 비롯된 향수의 미학41), 김소월류의 민요적 율조42), 민요의 전통을 현대의 지성으로 육종43)등의 견해가 있다.

정한모44)는 향토적인 자연의 소재를 끌어올려 심혼의 고향을 창조하였다

---

36) 김봉균, 조지훈론, 성심어문논집 8집, 1985.5.
37) 김춘수, 자유시의 전개, 청록집 기타, 현암사, 1968.
38) 김동리, 앞의 책
39) 서정주, 앞의 책
40) 박두진, 앞의 책
41) 김종길, 진실과 언어, 일지사, 1974.
42) 조연현, 앞의 책
43) 조지훈, 『산도화』 발문, 영웅출판사, 1955.
44) 정한모, 현대시론, 민중서관, 1974.

보았고, 오탁번45)은 개인적 표현으로 가장 보편적인 정황의 세계의 구현으로, 신동욱46)은 시대의 막힘에 대한 하나의 대응, 밝고 청순한 세계의 지향, 외로움의 인식으로 보았다.

이형기47)는 초기시를 종합적으로 분석하여, 형식과 내용을 유기적으로 조화시켜 고도의 예술성을 획득하며, 한국전통에 뿌리박은 선의 미학을 보여준다고 보았다. 그 외에 자연에 대한 의미 연구는 계속되었다.48)

2) 정창범49)은 『청록집』에서 『무순』(1976)까지의 시적 변용을 살펴 동시에서 환상과 향토를 사랑한데서 초기시의 순수무구한 서정으로 변용되었다 보고, 그의 시가 민요풍으로 오해되었다고 한다.

이승훈50)은 변모 양상의 내적 연관을 추적하여, 화자, 대상, 정서의 관계를 살펴 구조적인 변모를 살피고 초기시의 경우, 화자와 대상이 꿈꾸는 사람, 임으로 파악하여 『청록집』의 정서는 슬픔, 불화의 관계로, 『산도화』는 슬픔의 순화, 화해의 관계로 보았다. 그 외 대부분의 글이 시적 변모 양상에 관심을 두고 있다.

---

45) 오탁번, 앞의 책
46) 신동욱, 우리 시의 역사적 연구, 새문사, 1981.
47) 이형기, 朴木月論, 청노루 자하산, 문학세계사, 1986.
48) 조상기, 박목월론, 한국문학연구 3집, 1980.
  김준오, 시론, 문장, 1982.
  이건청, 목월 초기시에 나타난 전원 의미, 심상, 1985.4.
49) 정창범, 박목월의 시적 변용, 上, 下, 현대문학 1979.2~3.
50) 이승훈, 사물로 통하는 하나의 창, 朴木月, 지식산업사, 1981.

3) 김춘수51)에 의해 운율과 리듬에 대해 언급된 이후, 김대행52)은 전통적 운율과의 관계를, 권명옥53)은 초기시의 리듬을 집중적으로 다루었으며 박이도54)는 형태상 특장의 새활용에 관심을 두었다. 그 외에 강현국55)에 의해 어조(tone)의 분석이 있다.

박두진의 초기시 연구는 대체로, 앞서 언급한 청록파로서의 시사적 의의의 규명외에 1) 소재 및 구제를 중심한 내용분석으로, ① 자연의 의미분석 ② 기독신앙을 중심한 분석 ③ 시적 변모 양상의 고찰 ④ 그외 다양한 분석 2) 형태론적 접근등으로 대별할 수 있다.

1) ① 김동리에 의해, 그의 특이성은 자연속에 살면서「다른 태양」이 솟아오기를, 메시야가 재림하기를 기다린다56)고 보았다. 조연현은 세 시인이 가진 자연에 대한 소박하고 단순한 경이와 존엄같은 것을 지닌 성신에의 신앙으로 보다가57) 자연에 대한 특이한 관념적 신앙을 하나의 이념으로 확립했다58)고 하였다. 백철59)도 자연과 일종의 경건한 종교적 신앙으로 보았고, 김문직60)은 그의 자연은 자연을 통해 들끓는 자아를 달래고 있고「내」가

---

51) 김춘수, 앞의 글
52) 김대행, 한국시의 전통연구, 개문사, 1980.
53) 권명옥, 목월시 연구상,하, 심상, 1983.3~4.
54) 박이도, 언어의 대상화 및 형태미에의 집착, 심상, 1985.4.
55) 강현국, 청록집의 어조문제, 국어교육연구, 1984.2.
56) 김동리, 앞의 책
57) 조연현, 성신에의 신앙, 해동공론, 1949.3.
58) 조연현, 앞의 책
59) 백철, 앞의 책
60) 김문직, 시와 신앙, 세대, 1964.6.

인식되는 서구적 발생의 자연이며, 신앙이 시적 자세의 토대가 된다고 보았다. 정한모[61]는 청록파를 유파로 인정하여 시사적 맥락 속에서 그들의 의의를 살피면서, 박두진의 시는 자연속에서 거룩한 힘과 아름다움을 발견하고 지고한 이데아를 지향하여 종교적 신념을 시로 승화시켰다고 보았다. 최창록[62]은 동서양의 자연관을 대비하고 자연의 양상을 살펴 자연시의 세계를 확대 심화하여 한국 자연시에 서구적 요소를 결합시켰다고 파악했다.

② 박양균[63]은 그의 육체의 바탕은 자연으로「다른 태양」을 부르는 소리는 기독교 정신에의 귀의로 보고 인간구제의 방안으로 기도하는 자세를 보인다 하였다. 안수환[64]은 그의 초기시에 크리스챠니티의 잠입을 엿볼 수 있다면서 초월과 극복의 종교적 소망이 드러난다고 보았다. 박이도[65]는 신앙적 차원에서 이해하여 그의 시가 성서적 소재를 소화하고 신앙적 갈구를 엿볼 수 있다 하였다. 장백일[66]은 그의 시를 기독교문학으로 보고 자연과 종교의 융합으로부터 경건한 신앙심을 시화했다고 보고, 그의 이상은 신의 의지에 순응하는 자연질서에의 귀의로 파악했다.

③ 이유식[67]은 『인간밀림』(1963)까지의 시를 2기로 나누고, 1기에 『오도』의 세계를 포함시켜 자연을 소재로 삼아 주제를 입상시키고, 처절한 현실의 비극감을 인식하면서도 그 비극의 승화를 이상에 기대하고 있는 이상주의적

---

61) 정한모, 앞의 글
62) 최창록, 앞의 글
63) 박양균, 기도의 양상, 시와 비평 1집, 1956.2.
64) 안수환, 크리스챠니티 수용, 시문학, 1975.7.
65) 박이도, 예언자적 포효, 기독교 사상, 279호, 1981.9.
66) 장백일, 고독속에서 찾는 시정신, 박두진 정년퇴임 기념논집, 1981.
67) 이유식, 박두진론, 1965.11.

경향이 짙다고 보았다.

김일훈68)은 『하얀 날개』(1967)에 이르기까지 현실인식의 양상을 살펴, 그의 시의 성공은 현실과 이상의 갈등이 고조되어 있을 때로 보았다.

박철희69)는 그의 시역 노정을 순진과 경험의 역설적이고 모순 대립의 양상으로 파악하여, 초기시의 세계는 현실을 거부하여 초월적인 진실을 긍정하는 순진의 세계로 보았다.

박근영70)은 시에 있어 공간의 점이와 시정신과의 연관속에서 시적 변모를 살펴 새로운 접근을 보이고 있다.

④ 김춘수71)는 청록파 시인들이 20년대 시인들의 계보를 잇고, 정지용의 세례로 20년대 시인들의 심미적 완성자로 보고, 공초와 간략히 비교하나 제시에 머물고 있다. 정태용72)은 자연에 눈을 돌린 것을 결국 반항으로 보고, 자연을 정복하고 주관적으로 창조, 개조하는 의지적 시인으로 보았다. 또한 그의 관념성을 지적했나. 정현기73)는 심상에 얽히는 과정을 통하여 자연으로의 현실도피의 평가를 반박, 조명하고, 그는 기독교인이전에 시인으로 시를 경건한 신앙심의 경지에서 쓰며, 애정의 시인으로 보았다. 오동춘74)은 시기와 관계없이 보나, 대체로 초기시를 자연을 통해 본 민족시로 보고 있

---

68) 김일훈, 박두진 시론, 현대문학, 1972.6.
69) 박철희, 청록파 연구(Ⅱ), 동양문화 14·15합집, 1974.
70) 박근영, 박두진의 서정신 소고, 상명여대논문집 12집, 1983.7.
71) 김춘수, 청록집의 시세계, 세대, 1963.6.
72) 정태용, 박두진론, 현대문학, 1970.4.
73) 정현기, 박두진론(Ⅰ), 연세어문학 9·10합집, 1977.6.
74) 오동춘, 빛의 시인, 박두진론, 연세어문학 9·10합집, 1977.6.

다. 오탁번75)은 기독교에 바탕을 둔 종교적 의미의 시는 관념적이어서 시화되지 못하므로 시의 패배라고 부정적 견해를 피력한다. 김현자76)는 자연의 인식에서 보여주는 생명적 이미지, 능동적 상상력, 우리말의 운율적 가능성을 파악하였다.

　신동욱77)은 신앙과 시가 결합되었다고 보고 시대와 직결된 삶의 의식과 그 가치를 해명하여 민족적 희생을 태양의 원리로 늠연하게 구가하고, 저항의 자세 확립, 율격의 미적 가치, 자생적 한계의 인식과 초월의지, 그리고 전체성의 인식을 지향하는 지속의 원리등 종합적으로 파악하려 하였다. 신대철78)은 시의 자세를 통해 초기시와 수석 연작시를 비교, 초기시는 자연을 통한 형상화, 천상적인 삶에의 추구, 시의 가치를 인정하는 자세 등으로 파악하였다. 김윤식79)은 그의 시가 암흑기 문학을 문학사적으로 평가하는 기준을 마련했다고 보고, 그의 영원의 본향이 기독교적이나 환각적 측면에서 동양적 이상향에 접맥된 것으로 보았다.

　2) 김춘수80)는 시의 형태에 있어 행이나 연의 구분에 따라 그 효과가 다름에 주목하여 「향현」과 「해」가 리듬을 인식한 바, 자유시로 쓰는 것이 효과적이라 보고, 심리적으로 자유시이면서 형태상으로는 산문시가 되고 있는 묘한 굴절을 보이며, 「낙엽송」은 의미가 음악적 분위기로 하여 미묘해지므로

---

75) 오탁번, 앞의 책
76) 김현자, 박두진과 생명의 탐구, 한국현대시사연구, 일지사, 1983.
77) 신동욱, 박두진의 시에 있어서 저항과 지속의 의미, 세계의 문학, 1983.12.
78) 신대철, 박두진 연구 Ⅱ, 국민대 어문학논총 2집, 1983.2.
79) 김윤식, 심훈과 박두진, 시문학, 1983.8.
80) 김춘수, 자유시의 전개, 청록집 기타, 현암사, 1968.

산문시의 형태를 취하는 것이 좋다고 보았다. 「도봉」「설악부」등은 정상을 회복한 예로 오랜 동안의 형태의 묘한 굴절을 거쳐 이후 자유시를 취하고 있다고 보았다. 그러나, 「해」의 경우, 형태의 변화에서 그 시가 주는 효과는 기대하기 힘들 것으로 본다.

김윤학[81]은 운율을 중심으로 「해」의 문체언어학적 접근을 시도하여 「해」가 주는 희망의 세계는 운율에 의해 밝게 빛나고 있다고 파악했다. 강현국[82]은 『청록집』을 중심으로 어조의 특성을 다양한 접근으로 파악하여 세계인식을 살피려 하였다. 그 외에 김대행[83]의 운율적 고찰이 있다.

이상에서 살펴 본 바와 같이 세 시인에 대한 연구는 논자들의 개성적 안목에 의해 다양하게 논의되어 왔다. 이에 필자는 1940년대 문학사적 맥락에 유념하여, 개인의 서정과 사회나 현실과의 관계 속에서 세 시인의 초기시의 존재 양상을 보려하므로 논의된 일부에 대한 동조나 반박으로 그러한 연구와 관련을 맺으려 한다.

1940년대의 문학사적 맥락으로 그들의 초기시를 조명하거나 비교한 연구는 찾기 힘들므로, 이 글은 그러한 일면에서 조금이나마 보탬이 되었으면 한다.

---

81) 김윤학, 박두진의 시 「해」의 문체언어학적 고찰, 박두진 정년퇴임기념논집, 1981.
82) 강현국, 앞의 글
83) 김대행, 현대시의 운율적 위상, 선청어문논집 5, 1974.3.

3. 연구 범위와 방법

세 시인은 『청록집』을 근간으로 하여, 각 시인의 첫 시집에 이를 재수록하여 정리하고 있다. 박두진의 『해』(1949), 조지훈의 『풀잎단장』(1952), 박목월의 『산도화』(1955)가 그것으로 초기시를 형성하고 있다. 시기적으로 볼 때 약간의 차이는 있으나, 그 작품들이 20대 청년시절에 쓴 작품으로 40년대의 작업임을 알 수 있다. 세 시인의 시기 문제에 있어서는 여러 논자들의 의견이 거의 일치하는 바, 『청록집』의 세계와 세 시인의 첫 시집의 세계를 각 시인의 초기시로 보고 있다. 본 연구에서도 초기시의 범위를 동일하게 보았고, 작품 대상도 위의 시집을 중심으로 하였다.[84]

본 연구는 1940년대 시사적 맥락에 유념하면서 개인의 서정과 사회와 현실의 관계에서, 그 인식의 대립이나 갈들의 양상에 초점을 맞추어 작품을 보려 하였다. 그러한 면에서 이 글은 그들 시에 대한 세밀한 작품 분석보다 종합적인 견지에서 고려하여, 초기시에 흐르는 일관된 정서의 기조를 찾으려 하였다.

또한, 그들의 초기시에 주요한 테마로 생각되는 자연의 수용양상, 시적 자아의 성격, 현실인식의 비교를 통하여, 공통적 성격과 시적 개성을 보려 하였다. 다시 말하자면, 세 시인이 자연과 어떠한 관계에서 무엇을 드러냈는가 하는 문제와 문학을 발화의 한 양상으로 보고 시적 자아의 성격 파악, 시와 현실과의 관계 양상을 보려 하였다. 그들의 시관의 비교도 고려하였으나 그것을 여러 이유로 제외시켰다. 이러한 분석의 종합을 통하여 그들의

---

[84] 조지훈의 경우는 습작기 작품과 6.25이후의 작품을 포함하여 『조지훈 시선』(1956)에 재수록하고 있어, 이 시집도 참고가 되고 있다.

시사적 의의를 살펴 보았다.

 이 글은 초기시에 국한하여 봄으로써 이후의 다양한 변모의 과정과 그들의 전체적인 면모를 밝히지 못하고 있다. 또한 1940년대 한 시기를 잘라 보는 공시적 연구의 한계를 갖고 있다. 그들 시에 대한 보고 깊이 있고 다양한 비교와 접근이 가능함에도, 몇 가지 테마에 그친 것도 아쉬움이며, 한계이다.

제2장 세 시인의 초기시의 양상

1. 조지훈의 시 세계

시적 변모와 관조의 미학

　조지훈(1920~1968)은 『문장』지를 통하여 「고풍의상」(1939.41) 「승무」(1939.12) 「봉황수」 「향문」(1940.2)을 추천받음으로써 본격적인 시작활동을 하게 된다.

　조지훈이 추천을 받기 이전에 쓰여진 시85)를 포함하여 『청록집』 『풀잎단장』의 세계를 정리한 『조지훈 시선』(1956)을 살피면, 그의 시는 일정한 경향이 없이 비교적 짧은 기간에 다양한 면모를 보이고 있음을 알 수 있다. 추천시기에 이미 「시적 방황이 매우 참담」86)하다는 지적을 받은 바 있지만, 그의 초기시에는 한 경향에 전념하지 않고, 여러 시도를 계속해 온 것이다. 이는 「지옥기」 시편에서 보여주는 여러 시적 경향87)과 관련을 맺고 있다.

---

85) 「지옥기」 시편, 대체로 1935~1939년에 창작된 시, 조지훈 시선, 정음사 이 글에서는 추천 이전의 작품은 논외로 하였다.
86) 정지용, 시선후, 문장, 1939.9. 128쪽
87) 김종길, 지훈시의 계보, 조지훈 연구, 고대출판부, 1978.12~13쪽 참조
　그에 의하면, 사별적·철학적, 감각적, 퇴폐적, 모더니즘적 경향이 드러나고 있다.

동인지 『백지』에 참가했던 무렵을 전후해서 지금까지 간헐적으로나마 지속되어 온 작품세계이니 나의 암울과 회의와 화사와 감각은 이때부터 시작된 모양이다.[88]

위에서 보듯 그의 초년의 시적 모색은 「혼돈과 분열과 방황의 세계」[89]에 있었다고 하고, 그러한 상황이 간헐적으로 지속됨으로써 그의 시의 방향이 지난함을 말해 준다. 그 이유는 조지훈이 생활에서 시를 쓴[90] 때문이라고 볼 수 있다. 즉, 생활과 밀접한 관련을 맺어, 다난했던 생활의 변화에 따라 시의 제재와 시작태도가 달라졌던 것이다.

그러한 의미에서 그의 초기시를 세분하여 살피는 것이 체계적으로 보는 방법이라 할 수 있다. 그러면서 그의 시에 흐르는 일관된 정서나 태도를 찾으려 한다.

조지훈의 시에 있어 시기 문제는 그 자신의 견해[91]와 여러 논자의 견해[92]를 종합하여 다음과 같이 구분지어 보았다.

1) 추천 시기 (1939.4~1941.3 혜화전문졸업)
2) 월정사 시기 (1941.4~1941.12)
3) 귀향(서울) 시기 (1941.12~1942.9 조선어학회 사건)

---

88) 조지훈, 조지훈 시선, 후기, 정음사, 1956.
89) 김흥규, 조지훈의 초기작 「지옥기」 시편에 관하여, 한국현대시사연구, 일지사, 1983. 523~532쪽 참조
90) 정태용, 박두진론, 현대문학, 1970.4. 300쪽
91) 조지훈, 앞의 책 후기
    조지훈, 나의 시의 편력, 청록집 이후, 현암사, 1968. 340~361쪽 참조
92) 박두진, 지훈의 시 세계Ⅱ, 한국현대시론, 일조각, 1970. 참조
    양왕용, 조지훈의 시, 현대시학, 1973.2. 136~155쪽 참조

4) 방랑 시기 (1942.10~1943.9)

5) 낙향 시기 (1943.9~1945.8)

6) 해방후 시기 (1945.8~1948.8)

추천시기의 시는 주로 고전적 소재를 다루고 있다.

　벌레 먹은 두리기둥 빛 낡은 단청 풍경 소리 날러간 추녀 끝에는 산새도 비둘기도 둥주리를 마구쳤다.
「봉황수」에서

　　곱아라 고아라 진정 아름다운지고
　　파르란 구슬빛 바탕에
　　자지빛 호장을 받친 호장 저고리
「고풍의상」에서

　　진주구슬 오소소 오색 무늬 뿌려 놓고
　　긴 자락 칠색선 화관 봉두린
「무고(舞鼓)」 1연

　　얇은 사 하이얀 고깔은
　　고이 접어서 나빌레라.
「승무」 1연

　　성터 거닐다 주워 온 깨진 질그릇 하나
　　닦고 고이 닦아 열 오른 두 볼에 대어보다.
「향문」 1연
(방점, 인용자)

위 시들에서 공통으로 느껴지는 바, 우리 옛것의 고전적인 소재를 심미안으로 그려내고 있다.

조지훈 자신이 말하듯이 「사라져 가는 것에 대한 아쉬움의 애수, 민족정서에 대한 애착」93)이 드러난다 할 수 있다. 그의 추천시기의 시에는 심미적 경향과 전통적 지향이 나타난다고 할 수 있다. 심미적 경향은 사물의 관찰을 통하여 아름답게 묘사하려 할 뿐아니라, 방점 부분에서 볼 수 있는 언어의 세심한 배려와 기교에서도 찾을 수 있다. 전통적 지향은 그 소재의 선택에서도 그렇지만, 우리의 정서를 환기시키고 있다는 면에서 그리고 특히, 「향문」에서와 같이 깨진 질그릇 하나를 소중히 하는 마음가짐과 그 감회에서 느껴볼 수 있다. 이러한 면에서 「신고전」94)을 보여준다 하겠다. 또한, 사물에 대한 관찰은 곧 관조로 이어지고 있다.

월정사 시기의 시는 그의 추천시기와는 다른 경향을 보이고 있음을 쉽게 알 수 있다. 앞서 언급했듯이, 생활의 변화는 시의 변화를 가져온 것이었다.

> 이 절간 생활은 나의 시를 또 한번 변하게 하였다. 그것은 변이된 생활의 쾌적미와 당시 내가 심취했던 시선일여의 경지 때문이었다. 일체의 정서와 주관을 배제하고 자연을 있는 그대로 직관하고 관조하는 서경의 소곡조를 찾았다.95)
>
> (방점, 인용자)

---

93) 조지훈, 앞의 책, 후기
94) 정지용, 시선후, 문장, 1940.2. 171쪽
95) 조지훈, 앞의 책, 후기

여기서 문제가 되는 것은 방점친 부분이다. 먼저 '일체의 정서와 주관을 배제'한 것으로 시가 이루어졌다면, 그것은 시가 아닐 것이라는 사실이다. 사실 그의 시에는 자신의 정서와 주관이 배제될 수 없었다.

> 목어(木魚)를 두드리다
> 졸음에 겨워
>
> 고오온 상좌아이도
> 잠이 들었다.
>
> 부처님은 말이 없이
> 웃으시는데
>
> 서역만리 길
>
> 눈부신 노을 아래
> 모란이 진다.
>
> 「고사1」(방점, 인용자)

관조와 선의 시로 흔히 일컫는 이 시에서 3연과 방점 부분 '고오온' '눈부신'에서와 같이 주관적 정서가 스며 있다. 불상을 바라보고 느낀 듯한 '부처님은 말이 없이 웃으시는데'는 그가 인식한 세계이고, 상좌아이와 노을도 그가 아름답게 본 대상이다. 그 아름다움이 법열에 의해 나온 정황이 없을 뿐 아니라, 그것은 개인에 따라 달리 생각될 수 있기 때문이다. 다음은 「시선 일여의 경지」의 이해문제가 되겠는데, 그의 견해를 자세히 드려다 보면, 그는 선의 오묘한 세계에 대한 관심 또는 불교세계의 신앙에 대한 입문보다는,

선의 경지에 순수한 시적미학으로 접근할 것으로 드러내고 있다. 그는 분명 불교의 영향이나 선의 언저리를 경험했겠지만, 지고한 선의 세계에 있거나 돈독한 신앙의 면모를 보이지 않고 있다. 이것은 「고사1」에서 느껴지는 것이다.

월정사 시기의 시의 특색을 살피는 데에는 바로 그 점의 해명에 있다. 논자의 식견이나 감상 태도에 따라 그 견해가 다른 것은 그것을 잘 말해 준다. 그럼 여러 논자의 견해를 비교, 분석해 보자.

   1) 이 짧은 시편 가운데 「부처님은 말이 없이/웃으시는데」의 1구절 가운데 선의 오비(奧祕)가 감추어져 있다고 지적하면 혹 의아하게 느껴질 이도 있을 것이다. 그러나, 이 말없이 웃으시는 불타의 미소는 전체적 내용을 그대로 대상표출한 것임에는 일호의 착오도 없다.[96]

   2) 불심의 심화로 얻어진 「고사」를 보면 한 층계 두 층계 불심곁으로 가고 있음을 감득한다. 밝고 맑은 기쁨과 슬픔의 조하는 진심으로 대원력이 아니면 불가능한 표현이다.
   (중략) 「서역 만리길/눈부신 노을아래 모란이 진다」고 한 시관은 동양적 사상의 수련없이는 표현불능의 묘를 가지고 있는 시미이다.[97]

   3) 문학작품이 지식이 아니고 체험인 이상 그 작자의 체험의 세계에까지 경도되지 않고서는 논의될 수 없을 것이다. 선이란 그 출발부터가 이심전심의 체험세계가 아닌가[98]

---

96) 박희선, 지훈의 초기작품에 나타난 선취, 조지훈 연구, 고대출판부, 1978. 35쪽
97) 김해성, 선적 시관고, 앞의 책, 52쪽
98) 김용태, 조지훈의 선시관과 시, 앞의 책, 84쪽

4) 이 단조로운 고사풍경을 스케치해 놓고 선사상의 체득을 강요한다면 그것은 독자에게 지나친 주문이다. (중략) 그가 형성화한 고사는 범속한 눈에도 그대로 비치는 현존적 세계에 불과하다. (중략) 지훈의 선사상을 깡그리 부정하는 듯한 논조를 펴 왔는데, 사실 이것은 그 근처에 있어서 시인의 원숙성과 관계되는 문제이다.[99]

5) 여기에서 지나치게 비약해서 불교적인 작품이라고 할 수 없을 것이다. 단지 부처님의 모습에서 「서역만리 길」을 상상했다고 불교의 원리가 될 수 없을 것이다. 작자의 눈에 비치는 「고사」의 풍경을 작자는 거리를 두고 관조하고 있는 이상의 의미로는 해석될 수 없을 것같다.[100]

인용이 길어졌는데, 논자의 견해를 살펴보면, 크게 둘로 나눌 수 있다. 즉, 1)~3)에서 보는 바와 같이 선적 불교적 차원에서 보는 견해와 비종교적 차원에서 보는 견해로 볼 수 있다. 이러한 여러 견해의 비교에서 느껴지는 것은 시 자체에 충실하여 객관적인 안목으로 작품을 감상하여야 한다는 사실이다.

1)에서 문제가 되는 것은 '부처님은 말이 없이 웃으시는데'의 구절이 「선체험」에서 비롯되었다는 근거를 제시하지 않고 논자 자신의 경험에 비추어 이를 확신하고 있다. 그 구절이 심오한 세계를 드러낸다 볼 수도 있으나, 불상을 보고 그 모습을 그렸다고 볼 수도 있다. 그러한 부처님은 흔히 느껴질 수 있기 때문이다.

2)에서도 그러한 견해에 대한 근거 제시가 없고 주관적 체험이 바탕이 되

---

99) 송재영, 조지훈론, 창작과 비평, 1971, 가을호, 727~728쪽
100) 양왕용, 앞의 글, 144쪽

어 있다.

3)은 시의 폭넓은 감상을 제한하고 있다. 독자는 시인의 의도나 체험에 따라, 그 깊이로 감상할 것을 강요받지 않는다. 훌륭한 독자는 보다 객관적으로 시를 이해하려고 하며, 시인의 심경을 살피는 것은 그 다음의 일일 것이다. 또, 「시선일여의 경지」와 「시 곧 선」은 엄연히 다르다. 「시선일여의 경지」는 시가 선의 오묘한 세계를 추구함을 의미하지 선이 갖는 세계 그 자체는 아니기 때문이다.

4)에서 문제가 되는 것은 「고사」가 단순히 고사의 풍경을 그린 것은 아니라는 점이다. 그 시에는 3~5연에서 볼 수 있듯이 다분히 불교적인, 불심이 스며있다. 타종교인이나 비신앙인이 어찌 그러한 구절을 시에 쓸 수 있을까. 그 시에는 다분히 사물을 관조하는 분위기, 선적인 분위기나 이미지가 있다. 다만 이 글에서 지적된 바, 지훈이 갖는 선이 어떻게 시에 드러나 모두에게 공감될 수 있게 하는 '원숙성'에 문제가 있다고 할 수 있다. 조지훈 자신의 견해에서 보았듯이 선의 세계에 몰입했다기 보다는 선의 세계에 시적 미학으로 접근했음을 알 수 있고, '영적 순화와 사상적 원숙성이 시로서의 조화'101)로 드러났는가 하는 데에 「고사1」의 이해의 핵심이 놓여진다. 결국, 선의 세계냐 아니냐 하는 문제는, 시인의 시적 능력과 독자의 신앙경험과 밀접한 관계를 맺음을 알 수 있다. 선의 세계를 느끼지 못한 필자는 「고사1」이 선의 오묘함, 선이 갖는 바, 「순수한 집중을 통해 인간 존재의 실상을 자각」하게 한다거나 「고요히 생각함 정려(靜慮)와 생각으로 닦음 사유수(思

---

101) 송재영, 앞의 글, 728쪽
　　그는 「범종」에서 불교사상이 잘 드러나고 있다고 보았다.

惟修)」102)을 느끼게 해준다고는 생각하지 않는다. 다만 불교적 선적인 분위기를 느낄 수 있다.

5)에서의 문제는 이 시가 갖는 불교적 성향을 부정하는 데 있다. 고사의 풍경을 그리는데 시인의 정서가 개입되어 불교적 심상을 보여주는 것은 사실이기 때문이다.

이러한 논의로 해서 시의 이해에 있어 중요한 문제를 거론한 셈이 되는데, 시인의 의도가 언어로 형상화되어 독자에게 전달되는 일련의 과정을 객관적 안목으로 보는 것이 시의 관건이 됨을 「고사1」의 이해를 통해 확인할 수 있다.

「고사1」외에 이 시기에 쓰여진 시에서 선적 분위기를 느끼기 어렵다.

    바위는 제 자리에
    옴찍 않노니

    푸른 이끼 입음이
    자랑스러라.

    아스럼 흔들리는
    소소리 바람

    고사리 새순이
    도르르 말린다.

「산방」 5연~마지막연

---

102) 휴정, 선가귀감(법정역), 해제, 정음사, 1980.

소나기 한주름 스쳐간 뒤
벼랑끝 풀잎에 이슬이 진다

바위도 하늘도 푸르러라
고운 넌풀에

사르르 감기는
바람 소리

「산」 3연~마지막 연

 선적이기 보다 사물을 정관하는 자세가 드러난다. 추천시기에 보여주던 심미안은 사물의 관찰에서 이루어진 것이라면, 이 시기는 사물을 관조하여 미적 세계를 드러내고 있다. 자연과 만남으로써 은유나 비유를 사용한 화려한 심미적 경향은 가셔지고, 보다 안정된 정적인 미의 세계를 보여주고 있다.
 조지훈은 그의 말대로 유유자적하던 생활 중에 『문장』지 폐간 등 식민지 상황의 악화, 그 인식으로 해서, 그러한 관조의 세계에서 벗어나고 있다. 술로 울분과 침울함을 달래어 건강을 해치게 되고 월정사 생활을 청산, 서울로 돌아온다.
 귀향시기의 시는 그러한 현실에서 오는 고뇌와 그 심경이 드러나 있다.

젊음이 내게 준
서리발 칼을 맞고

창이를 어루만지며
내 홀로 쫓겨 왔으나

세상이 남은 보람이
오히려 크기에

풀을 뜯으며
나는 우노라

「암혈의 노래」 3~6연

이 시는 현실에서 오는 아픔을 형상화하고 있다. 슬픔이나 비애가 드러나지만, 그것은 거기에 머무는 것이 아니라, '세상이 남은 보람'을 위해 '서리발'로 맞설 자세를 보이고 있다.

그것은 현실과 나, 삶을 돌아봄으로써 얻어진 시인의 내재된 정신을 보이는 것이다.

난 너를 구경오진 않았다.
뺨을 부비며 울고 싶은 마음.
혼자서 숨어 앉아 시를 써도
읽어줄 사람이 있어야지
쇠창살 앞을 걸어가며
정성스레 써서 모은 시집을 읽는다.

철책안에 갇힌 것은 나였다.
문득 돌아다보면
사방에서 창살틈으로
이방의 짐승들이 들여다 본다.

「동물원의 오후」 2~3연

'뺨을 부비며 울고 싶은 마음'은 「향문」의 정서와 연결되고 있다. 그것은 '나라없는 시인'이 갖는 슬픔이나 비애를 넘어, 따스한 민족정서를 드러내 주는 것이다. '혼자서 숨어 앉아' 시를 쓰는 고뇌의식에서 '철책 안에 갇힌' 상태의 인식은 싹튼 것이다. 여기서 우리가 공감하는 것은 그 자신의 인식으로 당시의 한국인의 모습을 보이는데 있다. 그의 고뇌의식이 현실과 맞닿아 있음에서 그의 시정신이 살아 있음을 보게 된다. 그러한 면에서, 저항정신이 담겨있는 노래103)로 볼 수 있다.

    캄캄한 어둠속에 창을 열고
    누구에게 불리운 듯 홀로 나서면

    거칠은 바람 속에 꺼지지 않는 등불
    아 작은 호롱불이
    어둠속에 오는가
    나를 찾아 오는가

                            「바램의 노래」 4~마지막 연

    설운 세상에 눈물많음을
    어이 자랑 삼으리.

    먼 훗날 그때까지 임 오실 때까지
    말없이 웃으며 사오리다.

                                  「기다림」 2~3연

---

103) 신동욱, 조지훈의 작품, 문학의 비평적 해석, 연대출판부, 1981. 64쪽

위 시에서도 비애가 보이기도 하나, 그보다는 현실이나 시대적 상황을 인식하고 자신을 돌아다 보는 데에 이 시에 핵심이 있다. 그 '캄캄한 어둠'에 절망하지 않고, '거칠은 바람 속에 꺼지지 않는 등불'을 염원하고 '임'을 기다리고 있는 것이다. 그 '임'은 어둠을 밝혀주는 존재로, 시대상황에 비추어 해방을 기다리는 자세를 드러내 주고 있다. 이것은 앞서 언급했듯이, 또 「비혈기」에 드러나는 고뇌의식을 통해 얻어진 것이라 할 수 있다. 시대와 자기를 돌아보는 데서 이 시기의 시는 생명을 얻고 있다. 이는 넓게 인생을 관조하면서 얻은 밝은 미래에의 기대와 희망에서 연유하는 것으로 생각한다.

방랑시기의 시는 「나그네」의식이 두드러진다. 조선어학회 사건(1942.9)으로 그는 경주 등을 방랑하는데, 전체적으로 자연과 교감하면서 귀의적인 면모를 보이고 있다.

> 나그네 긴 소매 꽃잎에 젖어
> 술익는 강마을의 저녁 노을이여.
>
> 이 밤 자면 저 마을에
> 꽃은 지리라.
>
> 「완화삼」 3~4연
>
> 외로이 흘러간 한 송이 구름
> 이 밤을 어디메서 쉬리라던고.
>
> 성긴 빗방울
> 파초잎에 후두기는 저녁 어스름

창 열고 푸른 산과
마주 앉아라.

「파초우」 1~3연

초ㅅ불을 꺼야 하리
꽃이 지는데

꽃지는 그림자
뜰에 어리어

하이얀 미닫이가
우련 붉어라

묻혀서 사는 이의
고운 마음을

아는 이 있을까
저허 하노니

「낙화」 4~8연

  위 시에서 보듯 방랑의 정서가 드러나고 있다. '꽃은 지리라' '꽃이 지는 아침은 울고 싶어라' (「낙화」 마지막 연), '서러운 나그네가 홀로 가느니' (「율객」 마지막 연) 등이 환기하는 방랑의 정서는 서러움, 슬픔, 외로움이나 '나그네 긴 소매 꽃잎에 젖어' '산과 마조 앉아라'와 같은 구절에서 느낄 수 있듯이 자연과 조화되어 순화되어 나타난다. 이 시기의 시는 월정사 시기의 시와 비슷한 면모를 느끼게 해 준다. 그것은 자연과 교감하여 방랑의 정서에 스며있는 관조적 자세에서 비롯된 것으로 보인다. '푸른 산과 마주 앉아라'에는 자연과의 교섭에서 관조하려는 태도를 볼 수 있다. 또, '묻혀서 사는 이의 고운 마음'은 그 앞 구절에서 볼 수 있듯이 자연의 관조를 통해 얻어지는 마음의 상태를 보여 준다.

낙향시기의 시에도 관조하는 자세는 이어지고 있다. 낙향시기의 시는 방랑에서 돌아와 해방되기 전까지 고향에 머물면서 쓴 시편들이다. 조지훈은 이 때를 「생명에의 향수」라 하여 다음과 같이 말하고 있다.

> 방랑시편 다음에 내 시의 관점은 주로 삶과 죽음, 미움과 사랑, 꿈과 현실, 이러한 이원의 모순에 대한 나의 관조를 서정하는 것이었다.[104]

즉, 그는 이 때에 인생에 대한 관조를 나타내고자 했다.

1) 한 줄기 바람에 조찰히 씻기우는 풀잎을 바라보며
　　나의 몸가짐도 또한 실오리같은 바람결에 흔들리노라.
　　아 우리들 태초의 생명의 아름다운 분신으로 여기 태어나
　　고달픈 얼굴을 마주대고 나직이 웃으며 얘기하노니
　　때의 흐름이 조용히 물결치는 곳에 그윽히 피어오르는
　　한 떨기 영혼이여.
　　　　　　　　　　　　　　　　　　　　「풀잎 단장」에서

---

[104] 조지훈, 나의 시의 편력, 청록집, 삼중당, 1975. 156쪽

2) 지대한 공간을 막고
   다시 무한에 통하나니

   내 여기 기대어
   깊은 밤 빛나는 별이나

   이는 아침
   떨리는 꽃잎과 얘기 하여라.

   「창」 7~마지막 연

3) 내 오늘 바닷속 한 점 바위에 누워 하늘을 덮는 나의 사념이 이다지도 작음을 비로소 깨닫는다.

   「사망(渺茫)」 마지막 연

　그는 고향에 머물면서 소안(小安)을 얻으므로써 나와 세계를 관조할 여유를 지닌 것으로 보인다.

　1)에서 보듯이 풀잎을 바라보면서 자신의 영혼의 생명을 발견하고 있다. 풀잎을 통하여 자기의 존재를 확인하는데 이는 관조에 의해 가능한 것이다.
　2)에서는 '지대한 공간을 막고 다시 무한데 통하는' 창의 형상화를 통하여 「나」의 확대를 꾀하고 있다. 창은 자신의 내면이 '무한에 통하는' 관조의 상태를 표상한다고 할 수 있다.
　3)에서도 하늘을 바라보며 자기의 존재를 깨닫고 있다. 이도 하늘을 관조하는 데에서 오는 것이다. 이 시기의 시는 관조를 통하여 나를 발견하고, 세계와의 관계속에서 '새로운 우주가 열리는 파동'(「화체개현」)을 느끼는

것이다. 인생은 자기 존재의 확인에서 의미지어 지는 바, 관조에 의한 자기 존재의 확인은 조지훈 시의 미학이며, 그 성과이다.

　해방후 서울로 돌아온 시기(1945.8~1948.8)에 쓰여진 시는 지나간 '긴 밤'을 기억하면서 해방의 감격을 노래한다. 그러나, 그 감격은 들떠 있지 않고, 자신을 들여다보면서 역사를 의식하고 있다.

 1) 높으디 높은 산마루
    낡은 고목에 못박힌 듯 기대어
    내 홀로 긴 밤을
    무엇을 갈구하며 울어 왔는가.

    아아 이 아침
    시들은 핏줄의 굽이굽이로
    사늘한 가슴의 한 복판까지
    은은히 들려오는 종소리

    이제 눈 감아도 오히려
    꽃다운 하늘이거니
    내 영혼의 촛불로
    어둠속에 나래 펼던 샛별아 숨으라.
    　　　　　　　　　　　「산상의 노래」 1~3연

 2) 만신에 피를 입어 높은 언덕에
    내 홀로 무슨 노래를 부른다
    언제나 찬란히 틔어올 새로운 하늘을 위해
    패자의 영광이여 내게 있으라.
    　　　　　　　　　　　「역사앞에서」 1연

1), 2)에서 '산상'과 '높은 언덕'의 설정은 지나간 긴 밤이 주는 다난했던 역정을 살피기 위한 자세의 형상이다. 그러한 '긴 밤'의 의식 위에 '아침'의 의미와 '새로운 하늘'을 생각한다. 이는 그가 지난 역사의 아픔에 대하여 관조하는 태도를 보여주는 것이다. '시들은 핏줄' '패자'의 인식에서 시적 행동은 드러나지 않으나, 그러한 자세 없이는 생겨날 수 없는 말들이다. 삶에 대한 관조의 자세는 '내 영혼의 촛불'에서 잘 보여주는 바, 그 어두운 시대를 지켜온 관조가 낳은 정신으로 볼 수 있다.

  이상에서 살펴 온 바와 같이 조지훈은 생활과 밀접한 관련을 맺으면서 시를 써 왔다. 그의 생활의 변모속에서는 현실에 적극 맞서지 않는 도피적인 생활과 그 면모가 드러나기도 한다.

  그의 부단한 시적 변모와 모색은 내적 방황을 의미한다고 볼 수 있고, 그 속에 흐르는 일관된 정서는 사물이나 인생을 관조하는 태도로 볼 수 있다. 그는 관조의 자세를 통하여, 고전적 소재나 자연의 아름다움과 삶이 주는 고뇌와 방황에서 자신을 돌아다보며 확인하려 하였고, 어둠에 절망하지 않으며 시로써 자기를 지켜나가려 하였다. 그의 초기시는 그러한 삶의 자세가 시로 승화되어 미적체계를 이루어, 한 세계에 안주하지 않는 시적 변모속에서 관조의 미학을 보여준다 하겠다.

2. 박목월의 시 세계

개인의식의 상승과 순수서정

박목월(1916~1978)은 동시로부터 출발하여105) 『문장』지에 「길처럼」 「그것은 년륜이다」(1939.9) 「산 그늘」(1939.12), 「가을 어스름」「년륜」 (1940.9)등이 추천되어 시작활동을 하게 된다.

정지용은 「이 험악한 세상에 애련칙칙한 리리시즘」106)이 나타남을 지적하여 그의 초기시의 일면을 평가였는 바, 추천시기의 작품은 개인적 정성의 유출이 두드러진다.107) 즉, 슬픔, 애달픔, 외로움의 정서가 형상화를 이루지 못하고 그대로 드러나고 있다. 그러한 정서는 시적 대상에 스며들지 않고 그대로 나오고 있다. 이것은 개인의 정서가 사회나 현실과의 관계에서 소연함을 보여주는 것으로 볼 수 있다.

  머언산 구비 구비 도라 갔기로
  山 구비마다 구비마다
  절로 슬픔은 일어……

  뵈일 듯 말듯한 산길
  산울림 멀리 울려 나가다

---

105) 그는 1933년부터 본격적으로 동시를 쓰기 시작하여 동시집 『산새알 물새알』(1962)을 내기까지 동시를 발표하였다. 이 글에서는 초기시와의 관련성을 논외로 하였다.
106) 정지용, 시선후, 문장, 1939. 128쪽
107) 정창범, 박목월의 시적 변용, 현대문학, 1979.2. 337쪽 참조
  그는 20대 초반의 감상이 드러난다 보았다.

산울림 홀로 돌아 나가다
…… 어쩐지 어쩐지 울음이 돌고

「길처럼」 1~2연

마치 세월도 사랑도
그것은 애달픈 년륜이다

「그것은 년륜이다」 5연

젊음도 안타까움도
흐르는 꿈일다
애달픔처럼 애달픔처럼 아득히
상기 산 그늘을 나려간다
워어이임아 워어이임

「山 그늘」 4연
(방점, 인용자)

   슬픔과 애달픔의 정서가 시적 긴장이나 방점 부분 '절로 슬픔은 일어'등과 같이 그래야 될 정황이 없이 그대로 유로되고 있다. 즉, 개인적 감정이 시로 형상화되지 않은 상태로 남아 있다. 이는 사회나 현실과의 대립이나 갈등의 세계를 보이는 것이 아니라, 사회나 현실에서 야기되는 개인의 정서를 보여 주는 것이 된다. 개인적 정서의 표출은 「보리 누름 때」(문장, 1940.12)의 마지막 구절 '아아 외롭어라 외롭어라'에서도 잘 드러나고 있다. 박목월은 자신의 시의 전과정을 통하여 줄기찬 저류를 이루는 것이 「목마름」이라고 하면서 다음과 같이 말한다.

다시 말하면 해갈을 구하려는 생리적 욕구로서 시를 받아들이게 되고, 그러므로 좋은 의미에서는 시에 충실하다는 뜻도 되지만, 다른 면에서는 자기의 감정에 일종의 맹목성을 띠운 극히 정서적인 것에 기울게 된다는 뜻도 된다.108)

정서적인 것에 기울인다는 것은 시인의 관심이 개인의 정서에 머물고 있음을 의미한다. 시인의 관심이 「생리적 욕구」에서 보다 깊이있는 내면에서 우러나오거나 세계와의 관계를 통해 형상화될 때에는 정서의 직접적 표출은 절제되었을 것이다. 달리 말하면 시인의 내적 심각성이나 세계와의 갈등이 없었기에 개인의 정서가 형상화되지 못하고 쉽게 표출되었다고 할 수 있다. 그러므로, 그의 슬픔의 정서는 다분히 자기 만족적인 슬픔이 되고 있다.

개인에의 관심은 『청록집』이후 초기시의 집성을 이루는 『산도화』(1955)에 일관되고 있다. 즉, 그의 초기시에는 개인의 정서와 그 절제에 의한 자기 세계의 확대가 이루어 지고 있다.

거기에는 주위의 사회나 현실은 나타나지 않는다. 물론, 앞에서 언급했듯이 사회나 현실이 야기하는 정서는 드러나지만, 사회나 현실이 주는 갈등이나 번민이 스며들 틈을 주지 않고 있다. 그가 말한 바 「한국적인 정서의 바탕 위에 나의 청춘의 애닯음을 수놓으려고 애썼던 것」109)은 그러한 사실을 뒷받침하고 있다.

---

108) 박목월, 목마른 역정, 청록집 이후, 현암사, 1968. 340쪽
109) 박목월, 『산도화』 자서, 영웅출판사, 1955.

그의 추천시기의 작품은 개인적 정서가 두드러질 뿐, 그 실상을 보여주지 못하고 있다.110)

  내ㅅ사 애달픈 꿈꾸는 사람
  내ㅅ사 어리석은 꿈꾸는 사람

  밤마다 홀로
  눈물로 가는 바위가 있기로

  기인 한 밤을
  눈물로 가는 바위가 있기로

  어느 날에사
  어둡고 아득한 바위에
  절로 임과 하늘이 비지리오.

「임」

「어둡고 아득한 바위」의 상황은 이 시에서는 '애달픈' '어리석은'이 보여주는 감정의 표출로 인해 식민지 상황이 주는 현실에의 인식으로 보기보다는 개인적 삶의 인식에 가깝다. 그만큼 '임'과 '하늘'도 그가 꿈꾸는 대상일 뿐 상징적 의미를 띠지 못한다. 박목월 자신은 '임'을 「조국의 광복」111)으로 해설하였으나, 그렇게 이해할 근거를 찾기 힘들다. 박목월을 비롯하여 청록파 세 시인은 훌륭한 자작시 해설이 있는 바, 그것이 그들 시를 이해하는

---

110) 오탁번, 현대문학산고, 고대출판부, 1983. 156쪽 참조
111) 박목월, 보랏빛소묘, 신흥출판사, 1958. 73쪽

열쇠가 될 수는 없다. T.S Eliot가 말하는 바, "시가 지니는 의미는 그 시의 작가가 품고 있는 의미와 동일한 만큼 딴 사람에 대해서도 전달되어야 한다. 실제는 시간이 가면, 시인은 자기 자신의 작품에 대해서는 다만 한낱 독자가 되고 그가 원래 품고 있던 뜻을 잊어 버리고 말 것이다. 혹은 잊지 않고 다만 변화하는데 지나지 않는지도 모르겠다."112)고 한 말은 이 경우에 적절한 견해로 보인다.

또한, "문학 연구의 충실한 출발점은 작품 자체의 해석과 분석이며, 작품 자체로 해서 작가의 생애와 작가의 사회적 환경 그리고 문학이 산출되는 전 과정에 대한 관심은 올바른 의미가 부여된다."113)는 점에도 주목할 필요가 있다.

이 시 「임」에서는 '임'과 '하늘'을 보기 위해서 '눈물로 가는' 행위가 드러나는데, 이는 의지의 소산114)이라기 보다 그의 초기시에 깔려있는 서러움의 깊이로 볼 수 있다. 의지가 살아 있다면, 보고자 하는 대상에의 시적 성취가 가능해야 했으나, 꿈꾸는 사람이 애달프고 어리석다고 인식하므로써 그 대상에 대한 성취가 쉽지 않음을 보여준다. 거기에는 꿈꾸는 일 자체에 대한 체념의 정서가 깃들여 있다.115)

---

112) T.S Eliot, 시의 효용과 비평의 효용 (이승근 역) 학문사, 1981. 125쪽
113) R. Wellek & A Warren, Theory of Literature, Pengin Books, 1966. 139쪽
114) 김윤식, 민족시의 한 측면, 속 한국근대문학사상, 서문문고, 1978. 152쪽 참조
　　 눈물로 바위를 갈아 그 바위에 임과 하늘이 비쳐야 한다는 의지로 보고 있다.
115) 이승훈, 사물로 통하는 하나의 창, 청노루 자하산, 문학세계사, 1986. 145쪽

송화가루 날리는
외 딴 봉오리

윤사월 해 길다
꾀꼬리 울면

산직이 외 딴 집
눈 먼 처녀사

문설주에 귀대이고
엿듣고 있다.

「윤사월」

  이 시에서는 개인의 정서가 절제되고 있다. 외로운 정경이 형상화되고, 정적속에서 '눈 먼 처녀'의 모습이 극적으로 드러난다. 그 '눈 먼 처녀'의 등장은 외로움을 심화시켜 주고 있고 윤사월의 지루함이 꾀꼬리 소리를 엿들음에서 더욱 고조되고 있다. 개인의 정서가 그대로 표출되지 않고 대상에게로 전이 되어 있다. 이러한 지루함과 눈 먼 처녀의 어두움, 갑갑함과 외로움을 시대인식의 한 형상적 일면으로 볼 수 있다면,116) 이는 개인의 정서의 절제로 인한 시적 탄력에서 비롯된 것이라 할 수 있다. 다시 말하면, 개인의 정서가 대상에 스며들므로써 시가 개인의 경험에 머물지 않고, 대상으로 형상화됨으로써 시적 상상력을 갖게 된다 하겠다.

---

116) 신동욱, 박목월 시와 외로움의 인식, 우리 詩의 역사적 연구, 새문사, 1982. 262쪽

앞으로 보게 될 「산도화」 등에서와 같이 개인적 정서를 심화하고 보다 간결한 감정의 절제를 통하여 보편 정서와 그 감동에 이르게 됨은 하나의 성과이다. 이는 개인의 정서를 자연이라는 대상과 접맥시켰기에 가능한 것으로 보인다. 그가 감정의 유출에서 절제로 발전하여, 자연과 같은 대상과의 적절한 거리를 두므로써 대상을 투명하게 그려낸다.117)

박목월의 맑고 투명한 순수 서정세계를 드러냄은 초기시의 핵심이 되고 있다.

    방초봉 한나절
    고운 암노루

    아래ㅅ 마을 골작에
    홀로 와서

                                          「삼월」 1~2연

    머언 산 청운사
    낡은 기와집

    산은 자하산
    봄 눈 녹으면

    느릅나무
    속ㅅ 잎 피어가는 열두 구비를

---

117) 김현자, 목월 시의 감각과 시적 거리, 문학사상, 1984.9. 270쪽

청노루
　　맑은 눈에

　　도는
　　구름

「청노루」

위 시에서 보듯이 개인의 정서는 절제를 넘어, 대상 속에 숨겨져 있다. 이는 사회나 현실이 배제된 것을 의미한다. 암담한 현실은 물론, 「인간과 절연된 상태」118)를 보여준다. 그러므로써, 인간과 자연이 진정한 혼융의 소산이 아니라는 평가119)를 받기도 한다. 또, 이러한 맑은 서정시에는 역사도 사회도 별것 아닌 것120)에 이르게도 된다. 이는 곧, 개인의식의 고조내지는 상승으로 볼 수 있다.

신동욱의 다음 견해는 그의 시를 밖의 세계로 숨통을 트어주고 있다.

맑고 청순한 것들의 세계를 향한 시인의 지향도 흔히 일컬어 왔듯이 자연에 의탁하고 있는데, 여기에도 시대의 막힘에 대한 하나의 대응으로서 내면의 형상화를 위하여 자연에 경도됨을 이해할 수 있겠다. "청노루/맑은 눈에//도는/구름"과 같은 시상에서 보듯이 세계의 막힘과 갑갑함으로 부터의 해

---

118) 오세영, 자연의 발견과 그 종교적 지향, 한국문학, 1978.7. 참조
　　예외적으로 「귀 밑 사마귀」의 '어느 강을 건너서/다시 그를 만나랴/살 눈썹 길슴한/ 옛 사람을'에서　는 인간과의 관계가 설정되기도 한다.
119) 김우창, 궁핍한 시대의 시인, 민음사, 1978. 55쪽
120) 윤재근, 목월 시의 지향성, 심상, 1978.5. 146쪽

방 또는 새로운 지향은 구름의 상징에 의하여 자연스럽고 또 필연적인 요청에 의한 시의 형상화로 말할 수 있을 것이다.121)

개인 의식의 상승에서 박목월은 순수 서정세계로 갔다고 볼 수 있는데 거기에서 「세계의 막힘과 갑갑함으로 부터의 해방 또는 새로운 지향」으로 형상화 될 수 있음은 앞에서 언급되었듯이 개인의 정서가 대상에 전이되었기 때문이다. 그런데, '구름'이 「정신적 자유와 순결함」으로 상징되었는지는 의문이다. 시에 있어서의 상징을 '유추적인 형상의 세계, 곧 가시의 세계인 물질세계가 「연상」의 힘에 의해 불가시의 세계, 곧 본질의 세계와 일치되도록 노력하는 표현의 양식'122) 이라 할 때, 구름은 어떤 사물로 연결되거나 연상되는 것이 아니라 사슴의 눈에 비친 구름을 포착한 것으로 상징으로 보다는 「번잡하고 뜻에 맞지 않는 세상으로부터 벗어나려고 애쓰는 자만이 추구하고 위안을 받을만한 정신 세례로의 지향」123)을 드러낸다 볼 수 있다. 그러나, 거기에는 현실로부터 벗어나려는 몸부림은 드러나지 않으며, 자연 속에서 다분히 감정적 만족의 상태124)나 자족적인 태도를 보이고 있다.

  산은
  구강산
  보랏빛 석산

---

121) 신동욱, 앞의 책, 263쪽
122) 마광수, 상징시학, 청하, 1985. 44~45쪽
123) 신동욱, 앞의 책, 같은 쪽
124) 김우창, 앞의 책, 55쪽

산도화
두어 송이
송이 버는데

봄눈 녹아 흐르는
옥같은
물에

사슴은
암사슴
발을 씻는다.

　　　　　　　　　　　　　　　　　　　　　　　　「산도화 1」

청석에 어리는
찬물 소리

반은 눈이 녹은
산 마을의 새소리

청전 산수화에
삼월 한나절

산도화
두어 송이

　　　　　　　　　　　　　　　　　　　　　　　　「산도화 3」 1~4연

Ⅰ. 청록파의 시세계 연구

「산도화」에서는 대상과의 거리를 두고, 그에게만 깃들어 있는 순수 서정 세계를 창조한다. 그것은 「청노루」에서 보는 「마음의 지도」125) 속에서 이루어지고 있다. 그의 기본적인 슬픔의 정서가 그 속에서 순화되면서126) 구체적인 이미지로 제시되고 있다. 그 맑은 세계는 그의 정서가 이룩한 고향이며, 그는 「나 혼자의」 세계에 경도되는 것이다. 그의 시각도 일정한 곳에 통일되는 것이다.127) 또한, 「산도화」계열의 작품들은 생동하는 청각적, 시각적 이미지가 잘 드러나 투명한 세계를 보는 듯하다.

동양적 산수화와 같은 자연이 연상되는데, 청전(靑田)이 갖는 인간이 끼어드는 자연의 어우러진 모습이 아니라, 자연의 정경만이 드러나 있다. 그곳은 박목월이 꿈꾸는 이상향이라 볼 수 있다.

　　한석산
　　해으름
　　하얀 소릿길
　　눈물 도는
　　산 그늘에
　　어리는 달빛

「한석산」 2연

---

125) 박목월, 앞의 책, 83쪽
　　"그 어느곳에도 우리가 은신할 한 치의 땅이 있는 것 같지 않았다. 그래서 나 혼자의 깊숙한 산과 냇물과 호수와 봉우리와 절이 있는 「마음의 자연」-지도를 간직했던 것이다."
126) 이승훈, 앞의 글, 148쪽
127) 김우정, 박목월론, 청록집 기타, 현암사, 1968. 356쪽

이 시도 '눈물 도는' 개인의 정서를 제외하면 그러한 정경이 잘 드러나고 있다. 한 폭의 담백한 수채화를 보는 듯하며 청색과 흰색의 담백한 색채감으로 자연을 그리고 있다.128) 이는 그의 맑은 순수 서정세계를 말해주는 것이다.

산도화
수정 그늘
어려 보랏빛

모란꽃 해으름 청모시 옷고름

「목단여정」 3~마지막 연

이 시를 포함하여 「산도화」 계열의 작품으로 볼 수 있는 「해으름」「도화한가지」「운태령」 등은 특히, 동일한 가락과 동일한 어휘와 동일한 정경을 보이는 바, 그의 특이성129)이고, 그의 개인의식이 이북한 이상의 세계인 것이다. 그러나, 그는 사회나 현실에 초월적 대응을 보이고 있는 것이 아니라, 또 다른 세계를 만듦으로써 현실에 대응하는 것으로 볼 수 있다.

그의 순수 서정세계를 논의하면서 빠뜨릴 수 없는 것은 그의 시가 보여주는 형태미이다. 그 형태의 미가 맑고 투명한 순수 서정세계와 잘 부합되어 드러난다. 그것은 추천시기의 작품에서 볼 수 없는 것으로 그러한 형태로의 발전은 다음 글에서 찾을 수 있다.

---

128) 문덕수, 박목월론, 문학춘추, 1965.6. 196~200쪽 참조
129) 김동리, 자연의 발견, 청록집 기타, 현암사, 1968. 247쪽 참조

> 북에 김소월이 있었거니 남에 박목월이가 날만하다. 소월의 툭툭 불거지는 삭주구성조는 지금 읽어도 좋더니 목월이 못지 않아 아기자기 섬세한 맛이 좋다. 민요품에서 시에 진전하기까지 목월의 고심이 더 크다. 소월이 천재적이요 독창적이었던 것이 신경 감각 묘사까지 미치기에는 너무도「민요」에 종시하고 말았더니 목월이 요적데쌍 연습에서 시까지의 콤보 지순에는 요가 머뭇거리고 있다. 요적 수사를 다분히 정리하고 나면 목월의 시가 바로 조선시다.130)
>
> (방점, 인용자)

박목월 시의 가능성을 시사한 이 지적에는 방점 부분에서 보듯이 감각적 묘사의 중요성을 내세우는 한계가 드러나는데, 박목월 자신이「요적 수사의 정리」에 집착하므로써,131) 이룩한 것이 시어의 응축과 생략, 율격의 고려등 고도의 기교로 드러나고 있다. 그러한 그의 형태는 맑고 순수한 서정과 어울리고 있다.

시어의 응축과 생략, 시형의 정리속에서 정제된 미를 드러내고 있다. 그것은 이미 본「산도화」계열에서 느낄 수 있다. 그런데, 그 극단을 보여주는「불국사」는 그 서정과 형태가 조화되었다고 볼 수 없다.

---

130) 정지용, 시선후, 문장, 1940.9. 94쪽
131) 박목월, 내성적 사모, 청록집, 삼중당, 1975. 114쪽
    정지용에게 영향받음을 시사하고 있다.

① 흰달빛
　자하문

② 달안개
　물소리

③ 대웅전
　큰보살

④ 바람소리
　솔소리

⑤ 핍영루
　뜬그림자

⑥ 흐는히
　젖는데

⑦ 흰달빛
　자하문

⑧ 바람소리
　물소리.

　　　　　　　　　　　　　　　「불국사」

　우선, ⑥연을 제외하고, 조사는 물론 용언이 과감히 생략되어 있어 ①~④연과 ⑦~⑧연이 정서의 전달의 어려움이 따르고 있다. 「불국사」의 정경이 시각적, 청각적 이미지와 전체적으로 어우러질 뿐, 체언만으로 연결되어 시인이 말하려는 구체적 이미지를 파악하기 어렵다. 서술어의 생략으로 사물에 대한 판단을 유보하여 이미지만 제시되어 있다.132) 그러므로 해서 독자스스로 상상력을 결합하여 시를 이해할 수 밖에 없다. 이는 결코 좋은 시의 방향이 될 수는 없다. 이 시를 두고 「체언이 모두 구상어인 바 그것이 이미지이고 사물 그 자체를 직접 보여주므로써 의미전달을 잘 해내며 언어를 능란하게 다루는 기술과 이미지 존중의 태도를 볼 수 있다.」133)는 견해는 시 이해의 관건이 무엇인지, 어떻게 의미가 서로 긴밀히 연결되어, 어떻게 언어를 능란하게 다루었는지의 해명이 불투명하다. 또한, 물체의 제시뿐 그것이 어떻게 아름다운가 하는 의문134)도 제시될 수 있다.

「불국사」가 정서의 전달이 어려운 시임은 「산도화」나 「나그네」와 비교하면 쉽게 알 수 있다.

江나루
밀밭 길을

구름에 달가듯이
가는 나그네

길은 외줄기
남도 삼백리

---

132) 김준오, 시론, 문장, 1986. 335쪽
133) 이형기, 박목월론, 자하산 청노루, 문한세계사, 1986. 112~113쪽 참조
134) 정태용, 박목월론, 현대문학, 1970.5. 참조

술익은 마을마다
　　　타는 저녁놀

　　　구름에 달가듯이
　　　가는 나그네

　　　　　　　　　　　　　　「나그네」(방점, 인용자)

　향토적 정경이 짙다는 이 시는 첫 연을 제외하고 체언으로 끝나고 있으나, 방점 부분 '가는' '타는' 등의 용언이 있어 서술의 형태를 갖고 정서의 전달을 가능하게 하고 있다. 즉, 2(4)연, 5연의 '가는 나그네' '타는 저녁놀'은 단순한 체언의 배열이 아니다. 의미의 본질적인 차이 없이 다음의 형태로 변형시켜 보면, 쉽게 알 수 있다.

　　　가) 가는 나그네　　／　　나) 나그네(가) 가다
　　　　　타는 저녁놀　　　　　　　저녁놀(이) 타다

　가)형태는 나)형태네서 서술성을 줄이고 용언을 관형형으로 바꾸어 응축시킨 결과로 볼 수 있고, 여운의 효과를 얻고 있다. 이렇게 볼 때, 「나그네」는 정서의 전달이 가능하며, 이미지의 구체적 제시가 가능하지만, 「불국사」의 고도의 압축은 이미지의 제시에 머물러, 시인의 서정세계가 전달되지 않으므로써, 서정시의 절정을 이룬 작품[135])이라기보다 서정시의 한 극단을 보여준 작품이다. 「불국사」의 고도의 압축이나 정서의 전달에 있어 어려움을

---

135) 조상기, 박목월론, 한국문학연구 3집, 1980. 178쪽

「선정의 세계를 담은 시이기도 하다」136)고 볼 수 있는 근거가 무엇인지를 모르겠다. 앞서 본 「고시 1」의 문제를 연상시킨다. 다음의 글은 「불국사」를 의도적으로 배열되어진 하나의 구성물로 보면서, 정서의 전달이 가능함을 보이려 노력하고 있다.

이 시는 ⑥연을 제외할 때 단순어를 사용하지 않고 있다.
「자하문」「대웅전」「핍영루」조차 조어적으로 단순어를 벗어난다. 따라서 16행 각행은 각행이 불완전한 대로 자체적으로 서로 통사적 상응을 주고 받는 상태의 자족적(자급적) 환경에 놓여 있다. (중략) ⑥연은 분명히 수식관계를 주고 받는 부사어와 서술어의 호응관계이다. 그러나 여느 시행들의 일치된 쓰임새에 따라 곧 명사적 용법 「흐는함」「젖어듦」의 나열이다. 그러면서도 이 시가 하나의 진술이 되고 있는 것은 리듬 때문이다.137)

그러나, 이 글은 「불국사」가 정서의 전달이 가능한 시로 보는 데에 별 도움이 되지 못한다. 먼저, '자하문' '대웅전' 등이 어떻게 조어적으로 단순어를 벗어나는지를 알 수 없다. 그러한 단어는 불국사에 실재하는 사물로 인식하지, 글자 그대로 '보랏빛 놀이 낀 문' 등으로 인식하지 않는다. 또, ⑥연으로 해서 이시의 서술 구조의 단서가 어렴풋이 잡히는데 ⑥연을 명사형으로 바꾸어 보는 것은 더욱 핵심에 놓이지 않는다. 그리고 리듬에 의해 이 시가 진술이 된다는 것도 석연치 않다. 리듬은 음악성에 의해 분위기를 조성하지 정서의 전달에는 근본적으로 관여하는 것이 아니기 때문이다. 「불국사」는 정서

---

136) 김열규, 화해된 슬픔의 시학, 심상, 1983.4. 24쪽
137) 권명옥, 목월시 연구·상, 심상, 1983.3. 58쪽

의 전달이 어려워 그의 서정세계를 느낄 수 없으므로 「산도화」 등에서 보여주는 이상향의 모습도 볼 수 없다. 그러므로, 이 시는 박목월의 기교가 보여준 한 한계라 할 수 있다.

이상에서 살펴 본 바와 같이, 박목월의 초기시는 추천시기의 「길처럼」에서와 같이 개인적 정서의 유로가 드러나다가, 「산도화」에 이르러 그 정서의 절제와 심화에 의해 대상에 전이되고, 순수한 서정세계를 이루고 있으며, 그 투명하고 맑은 세계는 형태미와도 잘 어울리고 있다. 그는 그 속에서 이상향을 그려 또 다른 세계를 창조하였다. 이는 개인과 사회나 현실의 관계에서 개인의식이 상승되어 있음을 보게 된다. 그가 이룩한 맑고 투명한 세계는 그만이 가질 수 있는 공간이면서도, 한국적인 보편 정서와 그 감동에 이름은 그의 시적 성과라 할 것이다.

3. 박두진의 시 세계

화해의 세계로의 지향과 기다림의 미학

박두진(1916~1988)은 『문장』지를 통하여 「향현」「묘지송」(1939.6) 「낙엽송」(1939.9) 「의」「들국화」(1940.1)을 추천받음으로써 시작활동을 하게 된다.

선자 정지용은 그의 시를 평하여, 유유히 펴는 시의 자세[138], 고루청풍에 유려한 변설[139], 삼림에서 풍기는 식물성, 신자연[140]등으로 보았는데, 대체

---

138) 정지용, 시선후, 1939.6. 127쪽
139) 정지용, 시선후, 1939.9. 128쪽
140) 정지용, 시선후, 1940.1. 195쪽

로 그의 시적 특질을 간략하지만 잘 말해 주고 있다. 「신자연」의 의미는 보다 포괄적으로 이해되어야 할 것이다. 즉, 그는 삼림에서 풍기는 싱싱하고 생동하는 자연속에서 불화의 현실을 인식하고 그것을 극복하기 위한 세계를 추구하고 있다.

이에 대해 김동리는 다음과 같이 언급하고 있다.

> 박두진의 특이성은 그의 구경적 귀의가 다른 동양 시인들에서처럼 자연에의 동화법칙에 의하지 않는 데 있다. 그도 물론 항상 자연의 품속에 들어가 살기는 한다. 그러나, 그는 거기서 다시 「다른 태양」이 솟아오르기를 기다리는 것이다. 「메시야」가 재림하기를 기다리는 것이다.141)

이러한 지적은 박두진 시의 자연의 본질을 잘 규명해 주는 것이지만, '다른 태양(太陽)'(「설악부」)을 「메시야의 재림」으로 연결시키기에는 지난함이 없지 않아 있다. 이는 「흰 장미와 백합꽃을 흔들며」와 비교하면 알 수 있다.

> 속히 오십시오. 정녕 다시 오시마 하시었기에 나는 피와
> 눈물의 여러 서른 사연을 지니고 기다립니다.
>
> 흰 장미와 백합꽃을 흔들며 맞으오리니 반가워 눈물 먹음고 맞으오리니 당신은 눈같이 흰 옷을 입고 오십시오. 눈 위에 활짝 햇살이 부시듯 그렇게 희고 빛나는 옷을 입고 오십시오.
> 「흰 장미와 백합꽃을 흔들며」 3~마지막 연

---

141) 김동리, 자연의 발견, 청록집 기타, 현암사, 1968. 258~259쪽

위 시에서 보듯이 그리스도(메시야)의 예루살렘 입성(마가복음 21장 6~9절)때의 모습이 연상되며, 그 때 종려나무가 흰 장미와 백합으로 바뀌어져 있음을 알 수 있다.142) 이 시에 '속히 오십시오'하는 기다림은 그리스도 재림에의 믿음에서 연유하고 있다. '정녕 다시 오시마'하심(재림)에의 믿음은 '희고 빛나는 옷을 입은' 존재나 '빛을 거느리고' 오시는 '당신'(2연)을 그리스도(메시야)의 상징으로 볼 수 있다. 그는 경건한 자세로 그리스도의 재림을 갈망하고 있다. 이는 그리스도가 '빛'으로 '어둠'과 '피와 눈물의 여러 서른 사연'을 밝혀줄 것임을 믿기 때문이다. 그러므로, 햇살이 환한 세계를 맞으려 하고 있다. 그런 불화의 현실은 그리스도에 의해 화해된다고 믿고 있다. 그런데, 이 시는 시적 긴장감을 보여주지 못하고 있다. 그것은 그의 신앙적 깊이와 관련되는 것으로 보인다. 즉, 당시 그는 하나님과의 만남에서 인간으로서의 문제, 원죄의식 같은 내면적 고뇌와 갈등, 십자가가 주는 고통과 인간구원 등에서 야기되는 신앙적 체험이 아니라, 그것을 생략한 채 그리스도의 재림을 갈망하는 데 있기 때문이다. 물론, 갈등이 있다면 그리스도와의 재림을 고대하는 인간과 좀처럼 모습을 드러내지 않는 그리스도(메시야) 사이에 있다.143)

당신의 옷깃을 만지게 하십시오
내마음 어디가 상하였습니까

---

142) 정치적 의미의 종려나무가 흰장미와 백합으로 바뀐 것은 재림에 대한 순수한 신앙을 의미한다 할 수 있다.
143) 박철희, 청록파 연구(II), 동양문화 14.5합집, 1974. 48쪽

> 당신은 왜 그리 멀리만 계십니까
> 당신은 왜 내게 묵하십니까
> 당신은 왜 나를 안보십니까
> 당신은 왜 나를 버리십니까
>
> 「기도」144) 1~2연

이 시에서 그 갈등을 확인할 수 있다. 이 시는 그의 신앙의 일단을 잘 보여주고 있다.

그러면, '다른 태양'은 어떻게 볼 것인가.

> 왜 이렇게 자꾸 나는 산만 찾어 나서는 걸까? - 내 영원한 어머니……
> 내가 죽으면 백골이 이런 양지짝에 묻힌다.
> 외롭게 묻어라.
>
> (중략)
>
> 언제 새로 다른 태양 다른 태양이 솟는 날 아침에 내가 다시 무덤에서 부활할 것도 믿어본다.
>
> 「설악부」 2

'다른 태양'은 박두진이 말한 바 「열렬한 피안적인 동경」145)의 세계에서 만날 수 있는 것이라 볼 수 있다. 기독신앙은 사후에 영생을 믿고자 하지

---

144) 1942.9.22. 작, 문학사상(1981.1) 또는 박두진 시전집 2 (범조사, 1983) 소재
145) 박두진, 한국현대시론, 일조각, 1984. 148쪽

자신의 부활을 믿는 것은 아니다. 시적자아 「나」의 부활은 기독신앙에서 관계되기 보다 그의 이상 세계와 연결지을 수 있을 것이다.

「흰 장미와 백합꽃을 흔들며」「기도」등 몇 편의 시에서 그의 기독신앙의 면모를 확인할 수 있었고, 이러한 면에서 그의 초기시에는 기독교 신앙이 스며있다고 볼 수 있다. 그러나, 그의 모든 시를 신앙적 차원에서 이해하는 것은 적어도 그의 초기시를 온당하게 보는 것이라고는 할 수 없다. 이는 이 땅에 크리스챠니티의 토착의 문제,146) 박두진 자신의 신앙의 깊이와 관련을 맺는 것이고, 종교적이라고 결론지어 버리기에 그의 자연은 너무나 자연적이라는 느낌147)도 주는 것이 사실이다.

아랫도리 다박솔 깔린 산 넘어 큰 산 그 넘엇 산 안보이어 내 마음 둥둥 구름을 타다.

우뚝 솟은 산, 묵중이 엎드린 산 골골이 장송이 들어섰고, 모루다랫 넝쿨 바위 엉서리에 얼켰고 샅샅이 떡깔나무 옥새풀 우거진데, 너구리, 여우, 사슴, 산토끼, 오소리, 도마뱀, 능구리둥, 실로 무수한 짐승을 지니인,

산, 산, 산들! 누거 만년 너희들 침묵이 흠뻑 지리함즉
하매,

산이여! 장차 너희 솟아난 봉우리에, 엎드린 마루에, 확확 치밀어 오를 화염을 내 기다려도 좋으랴?

---

146) 안수환, 크리스챠니티 수용, 시문학, 1975.7. 71쪽
147) 정한모, 현대시론, 보성문화사, 1986. 306쪽

피ㅅ내를 잊은 여우 이리 등속이 사슴 토끼와 더불어 싸리ㅅ순 칡순을
　　찾아 함께 즐거이 뛰는 날을 믿고 길이 기다려도 좋으랴?
「향현」

　이 시는 산을 대상으로 하고 있지만, '산' 그 자체를 예찬하거나 2연에서처럼 묘사하고자 한 것은 아니다. 그는 살아있는 산을 통하여 자신의 심정을 호소하고 있다. '누거 만년 너희들 침묵'을 산에서 본 것은 자신의 감정을 이입한 것인데, 그것은 불화의 현실을 인식한데서 비롯된다. 그 침묵의 의미는 불화의 현실에서 묵묵히 지내야 하는 삶의 상태를 암시한다 볼 수 있다. 그런데, 이 시는 물론, 초기시 대부분이 불화의 현실을 구체적으로 보여주지 않고 있다. 그는 그 현실을 자신의 정서에 용해시켜, 비유나 상징으로 때로는 관념적으로 드러내고 있다.

　이는「당시대의 현실구조에 유포되어 있음직한 언어를 채취하지 않고 영원과 결부된 Symbolic feature에 기댄 물상」[148]을 그린것과도 밀접한 관련을 맺는다. 그래서 역사적 상황이나 현실과 어울리기 어려우면서도, 반대로 역사적 상황, 시대적 상황, 현실등을 쉽게 대입하여 해설할 수도 있다.

　'확확 치밀어 오를 화염'은 바로 불화의 현실을 타개하고자 하는 그의 염원으로 볼 수 있다. 그것은「있을 수 없는 일」을 기다림으로써 의지적이라 할 수 있다.

　　소용돌이 치는 혁명과 천지가 뒤범벅이 되는 대동란이 터져 일어나면
　　그 틈바구니에 휩쓸려 들어 어떻게 새로운 민족의 살길, 새로운 혁명, 새

---

[148] 정현기, 박두진론(Ⅰ), 연세어문학 9·10합집, 1977.6. 162~163쪽

로운 불줄기가 일어날 것만 같았다. 번연히 있을 수 없는 일이면서 그것을 마음깊이 부르짖어 보고 싶었다.149)

이러한 모티브에서도 확인되듯이, '확확 치밀어 오를 화염'은 불화의 현실을 타개하는 「혁명」과 같은 의지가 살아있고, 거기에는 남성적 기개와 울분과 의지가 표명되어 있다.150) 이러한 남성적 어조는 박두진 시가 보여주는 한 성과이기도 하다.

그가 그러한 기대나 변혁을 기다리는 것은 5연에서 볼 수 있듯이, 여우가 '핏내를 잊는' 절대평화의 세계를 지향하는 데에 있다. 불화의 현실을 벗어나 「피, 살육, 약육강식, 힘과 힘의 투쟁의 원리를 부정」151)하는, '모두 함께 뛰는' 화해의 세계를 지향하고 있다. 그것은 절대적 영원한 평화와 이상이 깃든 피안적인 이상향이라 할 수 있다. 그는 박목월과 달리 그 이상향을 창조하는 것이 아니라, 그의 이상향을 그리고 그것을 기다리고 있다. 그 기다림은 신앙과 연결될 수 있다.

불화의 현실에서 화해의 세계로의 지향은 여러 양상으로 드러나고 있다. 그 세계는 기다림으로 해서 성취될 수 있다.

언제나 티어질
그 찬란한 크낙한 아츰을 위하여

「년륜」에서

---

149) 박두진, 앞의 책, 373쪽
150) 신동욱, 박두진의 시에 있어서 저항과 지속의 의미, 세계문학 1983.12. 80쪽
151) 박두진, 앞의 책, 373쪽

새로 푸른 동산에 금빛 새가 날러 오고 붉은 꽃밭에 나비 꿀벌떼가 날러
들면 너는 아아 그때 나와 얼마나 즐거우랴. 섧게 흩어졌던 이웃들이 돌아
오면 너는 아아 그때 나와 얼마나 즐거우랴.

「푸른 하늘아래」 마지막 연에서

언제 이런 설악까지 왼통 꽃동산 꽃동산이 되어 우리가
모두 서로 노래치며 날뛰며 진정 하로 화창하게 살어볼
날이 그립다. 그립다.

「설악부 3」 마지막 연

다섯 뭍과 여섯 바다에
일제히 인류가 합창을 불르는 날

「장미의 노래」에서

    화해의 세계는 「밝음」의 세계이고, 악과 미움과 살육과 투쟁이 없는 평화의 세계이다. 그가 바라는 세계는 기다림에 의해 이루어지므로, 그는 화해의 세계로의 지향을 계속해 간다고 할 수 있다. 그 지향은 그가 처한 현실이 불화의 세계에 있음을 보여준다. 앞에서 언급했듯이 그는 불화의 현실을 구체적으로 보이지 않고 비유나 상징으로 때로는 관념적으로 드러낸다.
    다음의 시는 그 불화의 현실을 잘 보여준다.

내게로 오너라. 어서 너는 내게로 오너라. - 불이 났다.
그리운 집들이 타고 푸른 동산 난만한 꽃밭이 타고, 이웃들은 이웃들은
다 쫓기어 울며 울며 흩어졌다. 아무도 없다.

일히들이 으르댄다. 양떼가 무찔린다. 일히들이 으르대며
일히가 일히와 더불어 싸운다. 살점들은 물어뗀다. 피가 흐른다. 서로 죽이며 죽고 서로 죽는다. 일히는 일히로 더불어 싸우다가 일히는 일히로 더불어 멸하리라.

「푸른 하늘아래」 1~2연

1연에서와 같이, 어려운 시대에 난리를 겪는다던가, 2연에서 보는 살육의 처참함과 「일히들」의 투쟁과 멸망은 불화의 현실을 보이고 있다. 그것을 시대적 상황과 밀접하게 관련지어 볼 수도 있을 것이다.

이리는 종교적으로 보면 악마요, 양떼는 하나님의 백성이다. 당시 정치로 보면, 악독한 일본 총독정치요 선량한 우리 한국 백성이다. '싸우다가 이리는 이리로 더불어 멸하리라는 일본의 멸망을 예언하고 있다.152)

다만, 그의 시어가 구체적이지 않은 만큼 다의성을 갖음에 유의할 필요가 있다. 이는 시대적 상황을 넘어 인간의 근원적 문제로 볼 수도 있기 때문이다. 아무튼, 시를 보는 사람의 개성에 따라, 달리 느껴질 수 있는 것이다. 저러한 불화의 현실은 일제 말기의 전반적인 식민지 상황을 형상화하고 있다고 볼 수 있다.

살아서 설던 주검 죽었으매 이내 안 서럽고, 언제 무덤속 환안히 비춰줄 그런 태양만이 그리우리.

「묘지송」 3연

---

152) 오동춘, 빛의 시인 박두진론, 연세어문학 9·10, 1977.6. 113쪽

이 시를 죽음의 현실적인 한계를 종교적으로 초월하려는 의지153)로 볼 수 있다. 또한, 묘지는 그립고 슬프고 따습고 깨끗한 곳으로 보아 착한 사람들에게 보내는 시인의 애정154)으로 볼 수도 있다. 이는, '태양'의 의미를 상징적으로 보느냐, 일상적인 햇볕으로 보느냐 등에 따라 달라질 것으로 보인다.

현실의 삶을 설움으로 인식한데서 죽음속에서 빛과 포근함의 정서를 인식할 수 있고, 죽음에서 조차 환한 세계를 갈구하는 기다림의 미학을 보여주고 있다. 그것은 불화의 현실에 대한 부정을 통하여 안식과 평화와 자유가 깃든 화해의 세계로의 지향이라 할 수 있다. 그러므로, 현실은 「어둠」의 세계로 인식하므로써, 그 「밝음」의 세계는 이상에 존재함으로 이해될 수 있다.

그는 「기다림」으로 해서 현실이나 시대의 암담함에 대응할 수 있었던 것이며, 삭막함과 적막함으로 인식되는 불화의 현실에서 자기의 정신을 지켜나갈 수 있었던 것이다.

> 그대 위하여 나는 이제도 이
> 긴 밤과 슬픔을 갖거니와
>
> 「도봉」에서

'그대'를 기다림으로 해서 '긴 밤과 슬픔'을 감내할 수 있는 자세가 잘 드러나고 있고, 「년륜」에서는 고통을 감내하면서 '크낙한 아츰'을 위하여 '창궁과 일월과 다만 머언 그 성신들'이 표상하는 영원의 세계를 위하여, 그의 삶이 기다림의 점철이었음을 보여주고 있다. 해방 전에 쓰여졌던 시들은 불

---

153) 신동욱, 앞의 글, 78쪽
154) 김현승, 한국현대시 해설, 관동출판사, 1975. 199쪽

화의 현실에 맞서서 그것을 극복하기 위해 화해의 세계를, 피안적인 이상향의 동경을 갈망하고 기다렸다 할 수 있다.

일제의 질곡으로부터의 해방은 박두진의 시에 있어 불화의 현실을 덜고 화해의 세계로 나아가는데 힘찬 활력을 불어 넣어주었다. 「해」로 표상되는 밝음의 세계는 보다 화해의 세계에 근접함을 보이고 있다.

해야 솟아라. 해야 솟아라. 맑알게 씻은 얼굴 고운 해야 솟아라. 산 넘어 산넘어서 어둠을 살라먹고, 산넘어서 밤 새도록 어둠을 살라먹고, 이글이글 애띈 얼굴 고운 해야 솟아라.

달밤이 싫여, 달밤이 싫여, 눈물 같은 골짜기에 달밤이 싫여, 아무도 없는 뜰에 달밤이 나는 싫여……

해야, 고운 해야. 늬가 오면 늬가사 오면, 나는 나는 청산이 좋아라. 훨훨훨 깃을 치는 청산이 좋아라. 청산이 있으면 홀로래도 좋아라.

사슴을 따라, 사슴을 따라, 양지로 양지로 사슴을 따라, 사슴을 만나면 사슴과 놀고,

칡범을 따라 칡범을 따라 칡범을 만나면 칡범과 놀고……

해야, 고운 해야. 해야 솟아라. 꿈이 아니래도 너를 만나면, 꽃도 새도 짐승도 한자리 앉아, 워어이 워어이 모두 불러 한자리 앉아 애띠고 고운 날을 누려 보리라.

'해'는 어둠을 밝음으로 바꿔주며 만물을 소생케 하는 의미에서 우선, 이 시는 우리민족이 처해 있던 질곡으로부터 벗어나는 해방의 의미를 시적 심

상으로 보여준다.

'해'의 의미를 성서에 입각하여 보는데,155) 박두진 자신이 말한바 「민족과 인류, 현실과 영원, 현세적 정치적 이상과 종교적 생활 생존 양식이 아무런 모순없이 일원화 일체화된 세계」156)를 지향하는 보다 포괄적인 상징적 의미를 갖는다 볼 수 있다.

'해야 솟아라'는 현재의 밝고 희망찬 세계를 포함하여 영원에 대한 갈망이 들어 있다. '어둠을 살라 먹고'에서 그러한 기상이 잘 드러나고, 이 시의 「줄기차고 억센 가락」157)과 운율에서도 느낄 수 있다. 2연은 불화의 현실을 겪고 난뒤의 감회가 서린 듯하다. '해'의 드러남에서 「향현」에서 보는 '핏내'를 풍기는 짐승들은 사라지고, 평화스럽게 청산과 뭇짐승과 친화하고 있다. 마지막 연에서는 불화의 현실에 대한 맞섬의 의미에서가 아니라, 그가 추구해 온 바 평화가 깃든 세계, 화해의 세계를 지향하고 있음을 볼 수 있다. '애뙤고 고운 날'은 현재와 미래 모두에 연결되는 것이다. 「해」에서는 시인의 내면과 밀접한, 내면에서 우러나는 언어로 시상을 전개시켰다면, 넘치는 감정은 적절히 조절됐으리라는 아쉬움이 있다.

> 꽃도 새도 짐승도 새로 태어나, 밤이란 다시는 오지 않는 아침에, 하늘 대는 바람맞아 핏줄 들 새로 맑고, 우러러 호흡 갈아쉬면, 호흡 갈아 쉬면, 너도 나도 다 한가지, 허파며 심장이며 새도 붉어 뛰놀고, 우리 모두 번쩍!

---

155) 김일훈, 박두진 시론, 현대문학, 1972.6. 321쪽
　　박이도, 예언자적 포효, 기독교 사상, 1981.9. 140쪽, 그 외에 많은 평자가 있다.
156) 박두진, 시의 운명, 문학사상, 1972.10. 276쪽
157) 박철희, 앞의 글, 51쪽

눈 새로 맑아지는, 눈 새로 밝아지는, 아아, 진정 솟으렴! 태양
「훨훨훨 나래 떨며」 마지막 연

　이 시도 「해」와 거의 같은 이미지를 주고 있다. '밤이란 다시는 오지 않는 아침'에서 그의 이상이 지속됨을 확인할 수 있다. 이 시의 핵심은 '진정 솟으렴! 태양'에 있다. 이는 해방이 주는 의미를 넘어, 이상세계를 위한 염원에 보다 많은 관심을 가져 '진정'이라 강조했다고 볼 수 있다.
　그는 「청산도」에서 친화된 자연과 만나면서 '볼이 고운 사람이, 난 혼자 그리워라'하므로써 새로운 기다림이 드러나고 있다. 그것은 삶의 의미에서 희망과 생명력을 잃지 않는 자세로, 보다 영원의 세계에의 갈망이 지속됨을 드러내고 있다.
　『해』에서 그의 줄글의 형태가 갖는 줄기찬 가락과 거침없는 표현은 이상화가 추구하는 바와 같이 「자유」의 이념이 시속에 용해158)된 것과 연결되어, 그의 평화와 사랑이 잘 조화되고 있음을 느낄 수 있다. 아울러, 그가 보여주는 가락과 운율은 한국어의 음악성을 보여주는 것이라 하겠다.
　이상에서 본 바와 같이, 박두진의 초기시에서는 「신자연」의 포괄적 의미에서 이해될 수 있는 바, 자연속에서 불화의 현실을 인식하고 그것을 극복하기 위해 신앙을 바탕으로 화해의 세계, 이상향의 세계의 동경과 기다림을 보여주고 있다. 「해」의 세계는 자연과의 친화속에서 또 다른 화해의 세계를 갈망하면서, 영원세계의 기다림이 지속되고 있음을 알 수 있다.

---

158) 이선영, 작가와 현실, 평민서당, 1978. 102~104쪽 참조

제3장 세 시인의 작품에 나타난 시적 특질 비교

1. 자연 수용의 양상

청록파 세 시인의 초기시에 있어 자연에 대한 고구는 핍진한 감이 없지 않으나, 그러한 연구를 토대로 세 시인의 자연 수용의 양상을 비교 고찰하고자 한다.

인간은 자연과 더불어 살아간다. 자연과 알게 모르게 접하면서 동서양을 막론하고 그 조화의 미를 인식해 왔다159) 그러므로, 문학에 있어 자연의 수용은 자연스러울 뿐 아니라, 오랜 전통을 갖고 있다. 문학은 전반적으로 자연을 배경으로 하여, 그 형식을 통하여 작자의 인생관, 사상 등이 작품의 내용으로 드러나고 있다.160)

문학에 있어 자연의 수용이 문제가 되는 것은 한 시대에 유달리 자연에 경도되어 그것이 작품의 중요한 의미를 지니게 될 때이다. 우리문학에 있어서도 그러한 자연의 수용은 고전시가로부터 이어져와 1930년대에도 암담한 식민지 현실에서 눈을 돌리는 전원 귀의적인 시가 등장하였다. 삶이 현실과

---

159) 백기주, 미학, 서울대출판부, 1979. 1~3쪽 참조
160) 백철, 문학개론, 신구문화사, 1961. 88~91쪽 참조

조화되지 못하고 불화의 관계에 있을 때 자연과 더욱 밀착됨을 알 수 있다.

  세 시인이 공통으로 다룬 자연이 문제가 되는 것도 그러한 맥락에서 이해할 수 있다. 그들이 전시대와 달리 자연을 통하여 보여주는 새로운 면모는 「문학사적 의미에 있어서의 자연의 발견」161)으로 요약될 수 있는데, 그들의 진취적 자연의 수용이 「세기적 심연에 직면하여 절대절명의 궁경」162)에서 이루어졌다 했을 때, 그것은 현실과의 불화에서 오는 현실대응의 방식으로 이해될 수 있다. 즉, 일제말기의 식민지 상황은 잘 알려진 바와 같이 현실과의 근본적인 화해가 불가능한 시기였고, 그 현실을 타개하기 위해 자연과 만나므로써 「현실적 좌절과 결핍」163)을 극복하려 했던 것이다. 박두진의 다음 글은 그러한 상황을 잘 시사해 주고 있다.

  이러한 민족적인 참담한 현실에 대한 정치적 의분과 반항의식, 어쩔 수 없는 강압에 대한 억울한 인욕내지는 어디두고 보자고 벼르는 대기태세가 이 당시의 내 시들의 주요한 창작 계기였고, 그러기 위하여는 그들의 강압검열의 독문을 통과해야 하는 때문에 모든 직접적인 제약을 받지 않을 수 없었으니 이러한 정세에서 타개된 시의 길이 정치나 사회세계보다는 그 유일한 혈로를 「자연」에다 구할 수 밖에 없었던 것입니다. (중략) 이러한 모든 부정적이고 허무적인 심연에서 뛰어나와 보다 더 줄기차고 억세고 끝까지 밝은 소망을 가지고 참고 기다리자는 정신, 즉, 우리가 갖을 바 하나의 영원한 갈망과 염원과 동경의 정서를 확립하는 발 바탕으로써 자연을 택하지 않을 수 없었고, 거기에다 새로운 생명을 구하지 않을 수 없었습니다.164)

---

161) 김동리, 자연의 발견, 청록집 기타, 현암사, 1968. 246쪽
162) 김동리, 앞의 글, 250쪽
163) 이건청, 한국전원시 연구, 문학세계사, 1986. 160~162쪽 참조
164) 박두진, 시인의 고향, 범조사, 1958. 183~184쪽

현실의 불화를 타개하기 위하여 자연을 구하였고, 그 속에서 '영원한 갈망과 염원과 동경' 그리고 '생명'을 찾은 것은 박두진의 경우 도피적이라기보다 현실을 극복하는 자세로 보여진다. 세 시인이 추구한 자연의 빛깔, 그 내포한 의미는 다르지만, 자연의 수용태도는 그러한 현실에 대한 대응으로 뭉뚱그릴 수 있다. 청록파가 추구한 자연은 그러한 면에서 문명에 대한 거부보다 역사적 상황에서 비롯된다 하겠다.165)

그들의 시가 본격적인 자연시의 출현166)이라 할 수 있을 정도로 이전의 시와는 다른 양상을 보인다. 조선의 시가는 유교적 질서 속에서 현실과의 불화로부터 잠시 머무는 대상이었고, 1920년대 김소월의 자연은 시인과 거리를 유지하였다. 1930년대에 들어와서 김동환, 김상용, 김동명, 신석정, 장만영, 노천명, 김달진, 이하윤 등에 의해 구체적 전원과 만나게 되어167) 자연에서 현실의 불화를 위로받고자 하였다. 그러나, 그들은 자연에 묻히면서도 청록파가 보여주는 자연과의 친화를 통하여 자기의 존재나 「심혼의 고향」을 찾을 수 없었고, 인생과 자연에 대한 진취적 의욕과 적극적 면모를 잃고 있었다.168)

청록파 세 시인은 새로운 기운으로 자연의 관조나 친화를 통하여 자기의 존재를 잊지 않았으며, 자연에서 구체적인 이상향 또는 「영원한 생명의 고향」169)을 찾고 있다.

---

165) 김준오, 현대시와 자연, 시론, 문장, 1982. 328쪽 참조
166) 김종길, 언어, 사생, 시대, 사상계, 1968.6. 참조
167) 이건청, 앞의 책 참조
168) 김동리, 앞의 글, 247쪽 참조
169) 정한모, 현대시론, 보성문화사 1986. 304쪽

그러면, 현실과의 대립을 표상하는 자연이 그들의 시에 어떠한 모습으로 드러나는지 살피기로 한다.

박목월의 초기시의 수용양상은 다음 시로 집약할 수 있다.

1) 송화가루 날리는
   외 딴 봉오리

   윤사월 해 질다
   꾀꼬리 울면

   산직이 외 딴 집
   눈 먼 처녀사

   「윤사월」 1~3연

2) 강나루 건너서
   밀밭길을

   구름에 달가듯이
   가는 나그네

   길은 외줄기
   남도(南道) 삼백리(三百里)

   술익은 마을마다
   타는 저녁놀

   「나그네」 1~4연

I. 청록파의 시세계 연구

3) 머언 산 청운사
   낡은 기와집

   산은 자하산
   봄눈 녹으면

   「靑노루」 1~2연

4) 산은
   구강산
   보랏빛 석산
   (중략)
   사슴은
   암사슴
   발을 씻는다.

   「山桃花 1」 1, 마지막 연

 1), 2)에서 '송화 가루' '문설주' '강나루' '술익은 마을' 등이 보여주듯이, 향토적 정서가 스며있는 자연이다. 그 향토적 자연은 현실에 존재하면서도 그의 정서에 의해 새로운 공간으로 창조되고 있다. 향토적인 자연의 소재를 끌어올려 하나의 심혼의 자연을 보여주고 있다.
 1)은 외로움의 정서가 형상화되어 '외 딴' 공간으로서의 자연으로 드러나고, 그만큼 자연스럽게 수용함을 의미하고 있다.170)
 2)의 공간은 정서의 형상화에서 한국적 자연의 상징적인 모습을 보이고 있다. '구름에 달 가듯이 가는 나그네'에서 느낄 수 있는 자세가 현실에 맞서

---

170) 정한모, 앞의 책, 313쪽 참조

는 자세는 아니더라도, 현실에 타협하지 않는 초연한 모습으로 드러나, 자연과 어울리므로써 한국적 자연의 향수를 환기시키고 있다. '술익은 마을'은 현실의 외면으로가 아니라, 한국적 자연의 이상향으로의 모습을 마을을 보여준다.

　1), 2), 3), 4) 모두에서 느낄 수 있듯이 그의 자연은 정적이다. 그의 대부분의 시는 정적이 감도는 조용한 분위기를 드러내다.

　3), 4)에서 보듯 맑고 청순한 자연이다. 언어로 동양적 산수화를 그리는 듯한 또는 산수화를 보고 시화한 듯한 그만이 가질 수 있는 독특한 자연이 드러나고 있다. 그러면서도 보편적인 공감을 일으키고 있다.「마음의 지도」171) 로 그려진 박목월의 자연은 현실에 대응하는 자연으로 단순히 상상된 자연이 아니라 자연에 대한 친화를 통하여 얻는 이상향으로의 자연을 보여준다. 그가 창조한 자연은 이미지로 드러난다. 그의 시가 의미전달에 중점이 있지 않고 선면을 봉한 이미지 구축이 두드러진 바, 그 배경이 되는 자연을 통하여 내재된 의미를 환기시킨다는 점에서, 자연은 매우 중요한 역할을 하고 있다.

　1) 목련꽃 향기로운 그늘아래
　　물로 씻은 듯이 조약돌 빛나고

　　흰 옷깃 매무새의 구층탑위로
　　파르라리 돌아가는 신라 천년의 꽃구름이요
　　　　　　　　　　　　　　　　　「고사 2」 1~2연

---

171) 박목월, 보랏빛 소묘, 신흥출판사, 1958. 83쪽

2) 닫힌 사립에
   꽃잎이 떨리노니

   구름에 싸인 집이
   물소리도 스미노라.

   「산방」 1~2연

3) 꽃이 지기로 소니
   바람을 탓하랴
   (중략)
   귀촉도 울음뒤에
   머언 산이 다가서다.

   「낙화」 1, 3연

4) 창열고 푸른 산과
   마조 앉아라.

   「파초우」 3연

5) 나그네 긴소매 꽃잎에 젖어
   술익는 강마을의 저녁 노을이여.

   「완화삼」 3연

6) 무너진 성터 아래 오랜 세월을 풍설에 깍여 온 바위가 있다.
   아득히 손짓하며 구름이 떠가는 언덕에 말없이 올라서서
   한 줄기 바람에 조찰히 씻기우는 풀잎을 바라보며
   나의 몸가짐도 또한 실오리 같은 바람결에 흔들리노라.

   「단잠」에서

1), 2), 4) 등에서 느낄 수 있듯이 자연을 관조하고 있다. 조지훈은 자연의 관조를 통하여, 자연의 미를 그린다기보다는 내면의 심경을 그리고자 한다. 1), 2)에서는 자연이 관조하는 대상으로 잘 드러나고 있고, 4)에서는 관조하려는 자세를 엿볼 수 있다.

1), 2)와 「고사 1」 등에서는 선적인 분위기를 자아내고 있다. 그것은 그의 시선일여의 경지 추구와 적절한 언어의 사용에서 기인한다고 볼 수 있다.

3) 뿐 아니라 대부분의 시에서 자연이 어떠한 비유나 상징을 갖지 않고 눈에 보이는 현실적 자연이다.

3)에서 느끼듯이 자연을 객체로 두면서, 풍류적인 시인의 주관을 자연에 합일시키려 하고 있다.172)

대부분의 시에서 느낄 수 있듯이 정적이다. 이는 그가 관조하는 태도, 자기의 존재를 확인하는 사념의 태도와 연결지을 수도 있을 것이다.

5)에서 보듯이 현실을 떠나 자연속에 방랑하는 풍류객의 모습과 「율객」에서 볼 수 있듯이 자식을 버리고 비정하게 떠나야 할 만큼 자연에 귀의하는 모습을 드러내고 있다. '서러운'의 의미는 자연속에서 느끼는 것이 아니라, 현실과의 불화를 경험한데서 오는 것이며, 이는 개인적 차원을 넘어, 시대의 슬픔을 이야기 하는 것이라 볼 수 있다. '나그네'로 표상되는 자연속에 방랑하는 자의 모습은 자연에 귀의하고자 하는 면이 엿보인다.

3)에서 볼 수 있듯이 자연을 탐구하기 보다는 자연과의 친화 속에서 자신을 탐구하고자 한다. '묻혀서 사는 이의 고운 마음'을 드러내기 위해서 자연이 개입되고 있다. 자연은 시인의 마음을 표현하는데 심상으로 쓰이는

---

172) 정한모, 초기작품의 시세계, 조지훈 연구, 고대출판부, 1978. 25쪽 참조

바,173) 그의 정서가 깃든 자연이라 할 수 있다.

6)에서 보듯이 자연을 객관적 대상으로 관조하면서 자연의 미를 탐구하는 것이 아니라, 그속에서 자기존재를 확인하고 있다.

우뚝 솟는 산, 묵중히 엎드린 산, 골골이 장송이 들어섰고 머루다랫 넝쿨 바위 엉서리에 얽혔고, 샅샅이 떡갈나무 윽새풀 우거진데 (하략)
「향현」 2연에서

언제 무덤속 환안히 비춰줄 그런 태양만이 그리우리.
「묘지송」 3연에서

복사꽃이 피었다고 일러라. 살구꽃이 피었다고 일러라. 너이 오래 정드리고 살다간 집 함부로 함부로 짓밟힌 울타리에,
앵도꽃도 오얏꽃도 피었다고 일러라.
「어서 너는 오너라」 1연에서

사슴을 따라, 사슴을 따라, 양지로 양지로 사슴을 따라, 사슴을 만나면 사슴과 놀고,
「해」 4연

낮에 햇볕 입고
밤에 별이 소올솔 내리는
이슬 마시고,
「낙엽송」 4연

---

173) 신동욱, 문학의 비평적 해석, 연대출판부, 1981. 75쪽

산아. 우뚝 솟은 푸른 산아. 철철철 흐르듯 짙푸른 산아.
숱한 나무들, 무성히 무성히 우거진 산마루에, 금빛 기름진 햇살은 내려오고, (하략)

「청산도」 1연에서

박두진의 시는 자연을 생동감있게 그려낸다. 서구(기독교)에 있어 자연의 미학 성찰은 자연이 신에 의해 아름답게 창조된 것으로 용인함에서 비롯된다 하면,[174] 그는 이러한 의식에서 출발한 것은 아니지만, 건강한, 생명력있는 자연을 드러냄으로써 근원적으로 자연을 예찬했다고 볼 수 있다. 그러나, 자연에 대한 예찬이 주제가 되는 것은 아니고, 자연과의 친화속에서 이상세계를 찾으려 했던 것이다. 그는 자연을 「객관적 등가물」[175]로 설정했다고 볼 수 있다. 그의 대부분의 시가 생동감 있고 살아있는 듯한 자연을 보는 것은 그가 말한 바 「자연을 소재로 한 시상의 발동이 자연스러웠고, 선천적이었고 생리적」[176]인데에서 기인한다고 볼 수 있다.

그의 자연은 현실 비유로서의 자연으로 「향현」「어서 너는 오너라」 등에는 불화의 현실을 비유하는 자연, 자연의 조화로운 공간을 이루어 「향현」「해」 등에서 볼 수 있는 이상세계를 추구하고 있다. 대부분의 시에서 보듯이 그가 보여주는 자연 그 자체가 서구적인 것은 아니다. 「어서 너는 오너라」에서 보듯이 동양적 아르카디아(arcadia, 이상향)의 근원과 관련되고 있다.[177] 그러나, 그의 신앙이나 이상과 결합되어 나타나므로써 서구적 발상으로 드

---

174) 백기수, 앞의 책, 5쪽
175) 박철희, 신앙과 현실인식, 문학과 지성, 1972년 가을호, 779쪽
176) 박두진, 초기시의 저변, 월간문학, 1970.10. 238쪽
177) 김윤식, 심훈과 박두진, 시문학, 1983.8. 103쪽

러나고 있다. 이러한 면에서, 정한모가 말한바,「소박한 자연 현상으로서의 자연이 아니라, 영원에 이르는 그것의 주재자요 생명이신 하느님의 사랑과 빛과 참과 선과 미의식 그 근원」178)으로서의 자연이다. 그의 신앙과 이상이 결합됨으로써 관념적인 면을 담게 되는데, 이를「영원상에 의해 새로워진 자연」179)으로 볼 수 있다.

이제까지 세 시인의 자연 수용의 양상을 간략히 살펴 보았는데, 아래와 같이 표로 정리하여 비교할 수 있다.

「표·청록파 세 시인의 자연 수용 양상」

	조지훈	박목월	박두진
자연 수용의 양상	관조적 정적 선적 분위기 귀의적 객관적 거리유지 현실적 자연 동양적 자연	향토적 정적 새로운 공간의 창조 (동화) 제시적 맑고 청순한 자연 이상향으로의 자연 동양적 자연	동적 관념(신앙이나 이상)과 결합(서구적 발상) 근원적 예찬 건강한 자연 (생명력 있는 자연) 비유적 자연 친화적

---

178) 박두진, 앞의 책
179) 신대철, 박두진 연구Ⅱ, 국민대 어문학 2집, 1983.2. 114쪽

2. 「시적 자아」의 분석

문학은 발화(utterance)의 한 양상으로 볼 수 있다.[180] 그것은 단순히 발화된 것이 아니라, 기록되어진 발화이다. 일상적인 대화의 경우, 말하는 이(화자)의 메시지나 태도를 말듣는 이(청자)는 직접적으로 파악할 수 있다. 그러나, 시는 대체로 압축된 언어로 드러나므로써 일상적인 대화보다 복잡하며, 설명적이 아닌 숨겨진 채로 나타나고 있다.[181] 특히 우리말이 대화중심의 언어체계[182]이며, 장면에 크게 의존하는 언어[183]임을 생각할 때, 그 상황을 파악하는 것은 시를 이해하는 데에 있어 매우 중요한 일이다.

시는 시인이 직접 말하고 있는 것이 아니므로 시 안에서 작품을 이끄는 화자(Persona)가 있게 마련이다. 이 화자는 서정시에서 우리가 그 목소리(Voice)에 귀를 기울이게 되는 서정적 발언자를 가르키며, 그 서정시를 쓴 작자와는 일정한 거리를 두고 존재한다. 즉, 한 예로 시속의 「나」는 일상생활속에 존재하는 시인 자신이 아니라는 것이다. 뿐만아니라, 시속에는 청자가 드러나기도 하는데 그러한 관계를 간략하게 도표로 보이면 다음과 같다.

---

180) M·H. Abrams, (최상규 역), 문학용어사전, 대방출판사, 1985. 204쪽 참조
　　 C. Brooks, R.P.Warren, Understanding Poetry, Holt, Rinehart and Winston, 1976. 112~113쪽 참조
181) 김윤식, 한국근대문학양식논고, 아세아문화사, 1980. 3쪽 참조
　　 "서정시는 객관적인 외적 현실의 드러냄이 아니라 감춤을 그 속성으로 하는 양식이다."
182) 이규호, 말의 힘, 제일출판사, 1983. 102~108쪽 참조
183) 김종택, 국어활용론, 형설출판사, 1982. 31~64쪽 참조

시인 → ┃ 화자 → (메시지) → 청자 ┃ ← 독자
시(Text)

시속의 화자와 청자의 양상은 여러 형태로 생각해 볼 수 있다.[184]

이 글은 화자[185]를 중심으로 세 시인의 작품에 접근하고자 한다. 필자는 이 화자가 서정시에 있어서 실제시인과 밀접한 관계를 맺는 경험적 자아이므로[186]「시적 자아」로 보기로 한다. 이 시적자아(dichterisches Ich)가 자연에 대한 관심을 표명하고 있는 시에서 중요한 문제[187]라 할 수 있는데, 이 시적자아는 자연을 포함한 대상과 만나고 있다. 이러한 만남 속에서 시적자아의 성격은 획득된다.

시적자아는 시인의 개성과 관련될 뿐만 아니라 시작품에 따라 변화되어 나타나므로[188] 그 성격 규명이 필요하다. 그것이 드러내는 태도의 표명은 시인이 메시지와 청자에 대한 태도, 그리고 대상과 세계에 대한 태도와 연관 지을 수 있다. 시적자아의 성격 규명은 시인의 개성을 살피는 일이다. 세

---

184) 그 양상은 대체로 ① 화자만 나타나는 경우 ② 화자와 청자가 다 드러나는 경우 ③ 청자만 나타나는 경우 ④ 화자와 청자가 다 드러나지 않는 경우 등으로 볼 수 있다. R. Magliola(Phenomenology and Literature)등에 의한 현상적 접근에서는 시[Text]를 좀 더 세분하여, 함축적 시인 → [현상적 화자] → [현상적 청자] → 함축적 독자로 구분하고 있다.(김준오, 시론, 문장, 1987. 207쪽 참조)

185) 화자에 대한 이해는 어조(tone)를 이해하는 것이 된다.
I.A Richards(Practical Criticism, 1929)는 어조는 화자가 청자에 대해서 갖는 태도라 하였고, Brooks 와 Warren(앞의 책, 112쪽)은 "어조는 주제(Subject)나 청자(Audience) 때때로 자신을 향한 화자(Speaker toward himself)의 태도를 표명한다고 함으로써, 어조의 이해는 화자와 밀접한 관련을 맺고 있다.

186) 강현국, 청록집의 어조 문제, 국어교육연구 15집, 1984. 2. 60쪽 참조
187) 김주연, 대상과 시적자아, 변동사회와 작가, 문학과 지성사, 1979. 192쪽
188) M·H. Abrams, 앞의 책, 206쪽 참조

시인의 작품 속에 드러나는 시적자아를 분석하기로 하자.

박목월의 초기시에는 시적자아가 드러나는 경우와 드러나지 않는 경우중, 시적자아가 드러나는 경우는 다음의 몇 편에서만 찾아 볼 수 있다.

1) 내ㅅ사 애달픈 꿈꾸는 사람
   내ㅅ사 어리석은 꿈꾸는 사람

「임」 1연

2) 달무리 뜨는
   달무리 뜨는
   외줄기 길을
   홀로 가노라
   나 홀로 가노라

「달무리」 1연

3) 스스로 사모하는
   나의 자리에
   가는 숨결 고운 시간 꿈의 자리에
   나 홀로 열매지는 작은 풀열매

「임에게 3」 2연

4) 산이 날 에워싸고
   씨나 뿌리며 살아라 한다.
   밭이나 갈며 살아라 한다.

「산이 날 에워싸고」 1연

시적자아 「나」는 시인과 매우 친밀한 관련을 맺어 시인과 거의 동일한 것으로 보인다. 그만큼 자신의 정서를 그대로 드러내고 있다. 박목월의 초기시, 추천시기의 정서의 유출과 관계가 있다.

1)에 드러나는 시적자아는 꿈꾸는 사람인데, 꿈꾸는 대상인 '임'에 대한 성취가 이루어지기 힘듦으로써 애달픔의 정서를 보인다. 그러므로써, 대상과의 관계는 불화의 관계로 드러나고 있다. 그 슬픔의 정서는 시대적 환경이 환기하는 슬픔이라기보다는 일종의 자족적 슬픔이라 할 수 있다.189)

2)와 3)의 시적자아는 외로운 존재로 드러나는데 슬픔의 정서로 자연과 어울리고 있다.

4)의 시적자아는 현실에 순응하는 수동적 자세를 보이며, 체념의 정서가 드러나고 있다. 대상과의 불화의 관계속에서 스스로를 위로하고 있다.

시적자아가 드러나지 않는 경우는 초기시의 대부분을 차지하고 있다.

    가난한 살림살이
    자근 자근 속삭이며
    박꽃 아가씨야
    박꽃 아가씨야
    짧은 저녁답을
    말없이 울자

「박 꽃」에서

---

189) 이승훈, 사물로 통하는 하나의 창, 청노루 자하산, 문학세계사, 1986. 146쪽

머언 산 구비 구비 돌아갔기로
산 구비마다 구비마다
절로 슬픔은 일어……

「길처럼」 1연

위 시에서 보듯이 시적자아 「나」가 생략된 것으로 볼 수 있는데, 그 정서는 슬픔을 띠고 있다. '울자'는 감정과 '슬픔이 절로'이는 것은 대상과의 관계를 드러낸다. 그 관계는 불화로 드러난다. 이러한 예는 「갑사댕기」 「귀밑 사마귀」 「춘일」 「구름 밭에서」에서도 찾을 수 있다. 「구름 밭에서」는 '비둘기 울 듯이/살까보아'하여 독특한 불화의 모습을 보이고 있다. 그의 시들은 대상과 일정한 거리를 유지하면서 자신의 정서를 대비시키고 있다.

「윤사월」 「나그네」 「삼월」 「청노루」 「년륜」에서는 각각 눈먼 처녀, 나그네, 암노루, 청노루, 소년 등을 통하여 정서를 보이는바, 슬픔과 외로움등의 정서가 순화됨을 말해 준다. 그리하여 「산도화」의 세계에 이르면, 그 정서가 대상속에 들어가 구체적 이미지로 나타난다.

산은
구강산
보랏빛 석산

산도화
두어 송이
송이 버는데

봄눈 녹아 흐르는
　　옥같은 물에

　　사슴은
　　암사슴
　　발을 씻는다.

「산도화 1」

　시적자아는 드러나지 않고, 대상인 자연과 일정한 거리를 유지하면서 객관적 입장에 서게 되는데, 시적 인식이 세계의 자아화에 있다 할 때, 시적자아는 자연에 동화되고 있다.190) 그래서 시적자아는 암사슴과 동일시된다고 할 수 있는데, 암사슴은 맑은 산과 물과 같은 대상 속에서 '발을 씻는' 한가로운 모습으로 나타나고 있다. 이는 그 이전의 시에 느꼈던 대상과 불화의 관계에서 벗어나서 화해의 관계에 있음을 보여준다. 그러나 「서정시가 순수하면 순수할수록 불화의 순간을 그 자신이 내포한다」191)는 의미에서 그 화해는 겉으로 드러난 화해이지, 내면적 화해는 아닌 것으로 생각할 수 있다. 그 정서에 있어서도 직접적으로 드러나지 않고, 시속의 전체적인 이미지와 어울려 나타나므로써 슬픔과 외로움의 정서가 승화되고 있다. 「산도화」에서 볼 수 있는 '암사슴'과 '맑은 산과 물'의 대상관계는 「산색」에서 '보살'과 '빛이 제대로 풀리는 산', 「구강산 1」에서 '시인'과 '대숲에 깃드는 새' 「불국사」에서 '불국사'와 '흰달빛', 「청밀밭」에서 '비둘기'와 '밤길'의 관계로 병용되어 나타난다. 박목월의 시는 청자를 의식하지 않고 시를 쓰므로써, 다시

---

190) 김준오, 앞의 책, 332쪽 참조
191) 아도르노, 문학론Ⅰ, 김주연, 앞의 책, 383쪽 재인용

말하면 그의 시에는 청자가 드러나지 않으므로써, 자유로운 심정적 상태에서 사물이나 세계를 이해하고 있다.192)

조지훈의 초기시에는 박목월과 달리 시적자아 「나」가 드러나는 시가 많다는 점과 시적자아가 드러나지 않을 때에는 대상에 대한 동화가 아니라, 관찰이나 묘사, 극적인 대상이 두드러진다는 점이다.

시적 자아가 드러나는 시가 많은데,193) 다음 몇 편을 통해 그 특성을 살펴보자.

1) 품석옆에서 정일품 정구품 어느 줄에도 나의 몸둘 곳은
   바이 없었다. 눈물이 속된 줄 모르량이면 봉황새야 구천에
   호곡하리라.

   「봉황수」에서

2) 다락에 올라서
   피리를 불면

   만리 구름ㅅ길에
   학이 운다
   (중략)

   내 가슴에 넘치는
   차고 흰 구름

---

192) 강현국, 앞의 글, 61쪽
193) 인용시외에 「산길」「풀잎에서」「그리움」「편지」「절정」「밤」「애」「암혈의 노래」「사모」「낙엽」「바다가 보이는 언덕에 서면」「석문」「흙을 만지며」「가야금」등에서 볼 수 있다.

다락에 기대어
피리를 불면

꽃비 꽃바람이
눈물에 어리어

「피리를 불면」194)에서

3) 창을 열고 푸른 산과
마조 앉아라

들어도 싫지 않은 물소리에
날마다 바라도 그리운 산아

온 아츰 나의 꿈을 스쳐간 구름
이 밤은 어디메서 쉬리라던고

「파초우」 3~5연

4) 방안 하나 가득 석류꽃이 물들어 오다. 내가 석류꽃속으로 들어가 앉는다. 아무 것도 생각할 수 없다.

「아침」 4연

5) 내 오늘 밤 한오리 갈댓잎에 몸을 실어 이 아득한 바닷속 창망한 물굽이에 씻기는 한점 바위에 누웠나니,

「사망」 1연

---

194) 『풀잎단장』에는 「기루흠적」으로 제목만 바뀌어 실려 있다.

6) 한줄기 바람에 조찰히 씻기우는 풀잎을 바라보며
   나의 몸가짐도 또한 실오리 같은 바람결에 흔들리노라
   「풀잎단장」에서

1)에 있어 시적자아 「나」는 '몸 둘 곳이 없는' 존재로 드러나는데 그것은 세계와의 관계가 불화에 있음을 단적으로 보여준다. 시적자아는 속됨을 인식하는 자아이므로 그 불화의 정서를 봉황새를 통하여 해결하려 하지만, 감정의 절제를 통하여 호곡하는 심경을 드러나지 않는 청자, 독자에게 전달하고 있다.

그의 세계와의 불화는 대상인 자연과의 만남에서 약해진다.

2)에서 볼 수 있듯이 시적자아는 피리를 불어 자연과 조응하고 있다. 대상인 자연과의 자연스런 조화를 통하여 시인의 인간적 면모를 느끼게 한다. 이는 자연을 관조하면서 방황과 절망의 불화에서 벗어나서 안정을 찾는 것이고 「자연과의 친화에서 인간의 의미를 파악」195)하는 것으로 보인다. 시적자아는 피리를 통하여 자연과 합일하게 되고 그 순간에 '내 가슴에 넘치는' 감동을 느끼고 있다. 그러한 의미에서 4)「아침」은 자연과의 극적인 합일을 통하여 무아경에 이르고 있다 볼 수 있다.

3), 5), 6)에서도 대상, 즉 자연의 관조와 친화를 통하여, 시적자아는 자연과 교섭하는 자아로 드러난다. 그러므로써, 현실이나 세계와의 불화대신 자연과 만남에서 화해의 상태로 드러난다. 이는 박목월에서도 볼 수 있었지만, 세계와의 내면적인 진정한 화해는 아닌 것이다.

---

195) 김종균, 한국근대시인의식 연구, 고대 대학원, 1982. 112쪽

시적자아가 생략되어 있는 시는 대략 다음 두 편에서 볼 수 있다.

묻혀서 사는 이의
고운 마음을

아는 이 있을까
저허 하노니

꽃이 지는 아침은
울고 싶어라

「낙화」 7~마지막 연

벽에 기대어 한나절 조을다 깨면 열어 제친 창으로 흰구름 바라기가 무척 좋아라.

「맹음설법」에서

우리말이 주어진 생략이 많으므로, '울고 싶어라' '무척 좋아라'의 주체는 시적자아 「나」로 볼 수 있다. 그러므로 「낙화」에서는 시적자아가 '묻혀서 사는 이'인데, 그 정서가 슬픈 상태에 있음은 자연에의 귀의가 이루어지지 않은 것으로 볼 수 있다. 「맹음설법」에서 볼 수 있듯이 자연과의 교감은 두드러진다.

시적자아가 드러나지 않는 시도 많은데, 이 때에는 대상에 대하여 관찰이나 묘사를 하거나, 극적인 대상을 등장시켜서 자신의 정서를 대상에 이입(Empathy)시키고 있다. 후자의 경우, 대상에 대한 동일화(identification) 되는 과정인 바, 그 가운데에 시적자아가 스며드는 느낌을 주고 있다. 이를 관찰자측에서의 내적 모방(inner mimicy)의 결과로196) 이해할 수 있다.
　예외적으로, 「고풍의상」에서는 시적자아가 드러나지만, 대상에 대한 관찰과 묘사속에서 시적자아의 성격을 찾기 힘들다.

 1) 맑은 소리 품은 고 한송이 꽃을
   호접의 나래가 싸고 돌더니

                 「무고」 4연

 2) 얇은 사 하이얀 고깔은
   고이 접어서 나빌레라

                 「승무」 1연

 3) 기다림에 야윈 얼굴
   물위에 비초이며

   가녀린 매무새
   홀로 돌아앉다.

               「도라지 꽃」 1~2연

 4) 나그네 긴 소매 꽃잎에 젖어
   술익는 강마을의 저녁 노을이여

                 「완화삼」 3연

---

196) M.H. Abrams, 앞의 책, 77쪽

5) 고오온 상좌 아이도
   잠이 들었다

   부처님은 말이 없이
   웃으시는데

「고사 1」 2~3연

 그 외의 시에서도 볼 수 있는데,197) 1)~3)에서 보는 것과 같이 대상에 대한 관찰을 통하여 그려내고 있다. 시적자아와 대상과의 감정이입이 없으며, 시적자아는 대상과 거리를 두고, 대상의 속성으로서의 경험을 보이고 있다. 그러므로, 시인의 인간적 면모, 시적자아의 성격은 드러나지 않으며, 세계와의 관계도 드러나지 않고 있다.
 4)~5)에서는 극적인 대상, '나그네' '부처님'이 드러나므로써 시적자아의 정서를 보이고 있다.

 박두진의 초기시에는 시적자아「나」가 드러나는 시가 대부분이다. 시적자아가 드러나지 않더라도 생략된 것으로 여겨진다. 그에게 있어 시적자아가 빈번하게 나타나는 것은 내면적 성찰과 내적 갈등이 반영된 것으로 보인다. 대상을 노래한다 하더라도 조지훈과는 달리, 대상에 대한 관찰, 묘사, 관조가 아니라 시인의 이상이나 바램이 드러난다.

---

197)「고사 2」「율객」「산방」「송행」「고목」「산」「마을」 등

산이여! 장차 너희 솟아난 봉우리에, 엎드린 마루에, 확확 치밀어 오를
화염을 내 기다려도 좋으랴

「향현」 4연

시적자아는 대상인 산과 친밀한 사이를 유지하면서 그 속에서 세계와의 관계를 드러내고 있다. '치밀어 오를 화염'은 대상의 속성으로서의 경험이 아니라 시적자아의 경험에 의해서 얻어진 것인데, 현실이나 세계에 대한 불화를 드러내면서 동시에 변화를 갈망하고 있다. 즉, 불화의 세계를 뒤엎을 화해의 세계의 도래를 기다리고 있다.

북망이래도 금잔디 기름진데 동그만 무덤들 외롭지 않어이

「묘지송」 1연

이 시는 시적자아 「나」가 생략된 것으로 볼 수 있는데, 외롭지 않게 느끼는 것은 무덤이 아니라 시적자아이다. 그러한 면에서 의지적인 자아라 할 수 있다.

생은 오직 갈수록 쓸쓸하고,
사랑은 한갓 괴로울 뿐.

그대 위하여 나는 이제도 이
긴 밤과 슬픔을 갖거니와

이 밤을 그대는 나도 모르는
어느 마을에서 쉬느뇨.

「도봉」 8~10연

이 시에는 청자 '그대'가 작품 표면에 드러나므로써, 친근한 대화의 형식을 취하고 있는데,198) 슬픔을 감내하는 시적자아는 세계와의 불화 속에서 '그대'에 대한 갈망이 드러나 있다. '그대'는 시적자아가 화해의 세계를 추구하는데 있어야할 존재로 나타나 있다. 시적자아와 대상과는 기다림의 관계인데, 대상이 바뀌어도 그 관계는 지속되고 있다.

어제밤 잠자던 동해안 어촌 그 검푸른 밤하늘에 나는 장엄히 뿌리어진 허다한 바다의 별들을 보았느니,

「별」 5연

속히 오십시오. 정녕 다시 오시마 하시었기에 나는 피와 눈물의 여러 서른 사연을 지니고 기다립니다.

「흰 장미와 백합을 흔들며」 3연

언제나 티어질
그 찬란한 크낙한 아침을 위하여,

일월을 우러러,
성신을 우러러,

「년륜」에서

위 시에서 보듯이 '별' '당신' '일월' '성진'과 「설악부」의 '다른 태양' 「어서 너는 오너라」의 '너'는 시적자아가 갈망하는 대상이고 기다림의 관계를 지속하고 있다. 시적자아가 바라는 세계는 '크낙한 아침'의 세계, '꽃이 난만

---

198) 강현국, 앞의 글 61쪽

한 세계' 모든 것이 조화로운 세계, 화해의 세계, 즉, 이상향을 지향하고 있다. 그러한 세계를 「해」는 잘 드러내고 있다.

달밤이 싫여, 달밤이 싫여, 눈물같은 골짜기에 달밤이 싫여.
아무도 없는 뜰에 달밤이 나는 싫여……

(중략)

사슴을 따라 사슴을 따라, 양지로 사슴을 따라 사슴을 만나면 사슴과 놀고,

칡범을 따라 칡범을 따라 칡범을 만나면 칡범과 놀고,……

해야, 고운 해야. 해야 솟아라. 꿈이 아니래도 너를 만나면, 꽃도 새도 짐승도 한자리 앉아, 위어이 위어이 모두 불러 한자리 앉아 애띠고 고운 날을 누려 보리라.

「해」에서

'달밤'이 싫은 시적자아는 '양지로' 밝음을 추구하며, 모두와 어울릴 수 있는 평화와 자유를 지닌 자아이다. 식민지시대가 주었던 질곡에서 벗어나, 현실의 불화가 큰 장벽을 넘므로써 그의 화해의 세계의 기대감은 한층 깊은 것으로 보인다. '사슴'과 '칡범'과의 친화는 그러한 가운데에 의미를 지니며, '애띠고 고운날'을 힘차고 높은 소리로 부를 수 있었던 것이다. '워워이 워어이'의 음성상징어는 거기에 잘 부합되고 있다. 이 시가 해방의 의미를 넘어 보다 포괄적인 의미를 갖는 것은, 작품 표면에는 드러나지 않지만, 스며있는 기독신앙의 이상에 있음을 느끼게 된다.

기독교 신앙의 특징은 그리스도 자체가 갖춘 무한하고 完全한 인격의 원천에다 근거를 둔 완전하고 영원하고 찬란한 생명의 세계의 완성과 그것의 향유에 대한 동경과 갈망을 갖는 데 있다. 그것의 성취에 대한 절대한 신뢰와 희망을 가지며 가는 데 있고 (중략) 건강하고 밝고 힘차고 투지적인 데 있다. 즐겁고 평화하고 자유의지적인 데 있다.199)

　그러한 그의 신앙과 그 추구에 의해, 자연과의 친화속에서 보다 영속적인 것에 대한 갈망을 하고 있다고 보아야 할 것이다. 시적자아가 밝음을 추구하는 모습은 도처에서 발견된다. 그 밝음을 찾으므로써 자연이 발산하는 건강한 에너지를 갖으며, 화해의 세계를 지속할 수 있게 된다. 또한, 그러므로써 자연에 대한 근원적인 찬미와 생명력이 있는 시적자아는 시적 영혼이 시들지 않음을 보여 주고 있다.

3. 현실인식의 문제

　문학이 현실을 반영한다고 할 때에, 시인은 현실이나 상황과의 관계 속에서 그 양상을 시에 드러낸다. 이를 통하여 시인의 정신과 세계에 대한 자세를 엿볼 수 있다. 특히, 식민지 시대의 문학은 현실과의 대립과 갈등 속에서 현실이나 상황에 대한 올바른 인식과 그것을 극복하려는 내적 고뇌와 아픔이 요구된다. 시대가 어려우면 어려울수록 그러한 정신적 측면이 중요시 된다. 물론, 그것이 언어에 의해 형상화될 때에 시로서의 가치가 주어지는 것이지만, 시가 한 시대의 정신을 드러낸다 하는 것은 그와 같은 맥락에서 파

---

199) 박두진, 한국현대시론, 일조각, 참조.

악된다. 결국, 문학에 있어 현실인식은 「역사의식으로의 문학정신」200)과 연결되는 것이다.

시에 드러난 현실인식의 파악은 다음과 같이 요약될 수 있다. 즉, 시인이 살던 시대 또는 시가 쓰여진 시기의 현실이나 시대적 상황이 시인의 내부에 수용되어, 언어를 통해 어떻게 드러났는가 하는 일련의 과정에 주목하는 일이다.

이러한 현실인식의 문제를 살피기 위해서는 먼저 현실의 개념 설정이 필요하다. 현실은 폭넓게 설정한다면 이 세상에 현실 아닌 것은 없다. 그러나, 그 모든 것을 현실이라고 생각하지는 않는다. 그 개념의 설정이 용이하지 않는데, 일단, 현실을 실제로 존재하고 있다고 생각되는 객관적인 여건의 전체로 정의201)하여 볼 수 있다. 그러나, 한 시인이 그 모든 것을 인식하기 어렵다는 것과 시인의 관점 등 개성에 의해 선택되고 있음에서, 앞서 본 객관적인 여건의 전체적 실체를 이해하기란 어려운 것으로 보인다. 그렇다고, 「인식하는 주체와의 관계」202)로 보면, 현실은 객관적으로 존재하기 힘든 것이 된다. 그러므로, 현실은 인간이 공유하는 비슷한 삶의 방식을 포함하여 대체로 인정되는 객관적 여건으로 이해할 수 있고 여기에, 인식하는 주체인 시인과 관계가 놓여진다.

그러한 현실이 시인의 개성에 의하여 드러나므로써 또 다른 현실로 변용된다. 이 새로운 현실을 객관적 여건과 견주어 보면, 그의 현실인식은 밝혀질 것으로 보인다. 그리고 시에 있어 현실인식은 「나를 둘러싸고 있는 것이

---

200) 홍이섭, 한국정신사서설, 연대 출판부, 1983. 21~23쪽
201) 아우얼 바하(김우창, 유종호 공역), 미메시스, 민음사. 1979. 6쪽
202) 김주연, 새로운 꿈을 위하여, 지식산업사, 1983. 61쪽

무엇인가」하는 각성 즉, 자아에 대한 인식과 동시에 발생하는 것203)이라 할 때, 개성과 객관이 만나는 데에서 이루어지는 것이다. 곧, 현실의 자아화의 양상을 보이는 것이다.

그러면, 현실인식의 파악을 위하여 일련의 과정을 도표로 나타내어 살펴 보기로 하자.

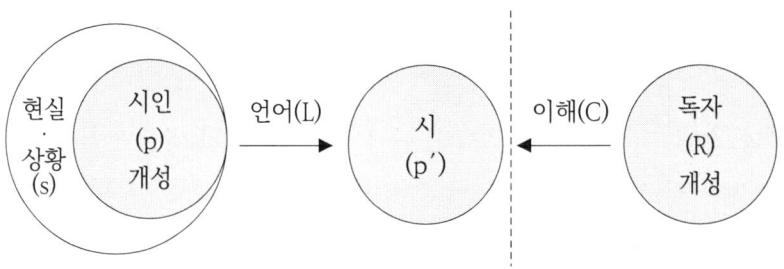

위에서 설명되는 바와 같이, 시(P′)에 드러난 현실인식을 살피기 위해서는 다음과 같은 점을 고려해 볼 수 있다.

1) 시인이 살던 시대 또는 작품이 쓰여진 시기의 현실과 시대적 상황(S)은 어떠한가.
2) 시인의 1)에 대한 인식 정도와 그 판단은 어떠한가.
3) 시인의 의식이나 의도, 즉 2)가 어떻게 시로 드러났는가.
   (P)와 (P′)의 관계 규명204)

---

203) 김주연, 앞의 책, 61쪽
204) 이에 대해서는 비어즐리와 웜저트에 의해 의도론적 오류(intentional fallacy)로 지적된 바 있다. 작가 본래의 의도와 작품에 성취된 의도사이에 근본적인 차이가 있음을 밝히고 그것들을 혼동하는 데에서 작품의 이해와 평가가 잘못 된다고 보았다. (이상섭, 문학 비평용어 사전, 민음사. 224쪽 참조)

4) 시와 독자사이에는 문학적 거리(Literary Gap)[205]이 존재하는 바, 그것을 어떻게 극소화할 수 있는가.

흔히, 시를 이해함에 있어, 2)를 파악하기 쉽지 않으므로써 2)와 3)을 동시에 보고 있음을 알 수 있다. 이 글은 2)의 확인으로, 3)과 구분하려 했으며, 그 인식 정도를 살펴 시에 어떻게 드러났는가를 살펴 보기로 한다. 아울러 4)에 대한 문제를 염두에 두었다.

『청록집』을 중심한 세 시인의 초기시는 1940년대의 시대적 상황 앞서 언급되었듯이 크게 두가지 사실과 만나고 있다. 즉, 일제 식민지 상황과 그 탈피, 곧 해방이 그것이다. 세 시인은 식민지 상황에서 출발하여 해방을 맞이하였으며 그 역경과 혼란을 지켜 보았던 것이다. 생각건대, 그러한 상황은 그들의 인식 범위에 들었을 것이라 본다.

식민지 말기의 사회 현실은 민족말살정책으로 요약되는 바, 그 시대적 암담함은 그간의 여러 사정으로 알 수 있다.[206] 그러한 어둠 속에서 헤어나지 못하고 정신적인 일체를 상실했던 가운데에,[207] 세 시인은 침묵으로 그것을 극복하였다. 아니, 숨어서 시를 쓰면서 자신을 지켜나갔다. 이 사실은 세 시

---

[205] 시와 시인의 인식 그리고 그 현실과 시대적 상황에 대한 느낌이 독자와 전적으로 공감하기 힘들므로써(독자의 개성을 포함하여) 오는 정서의 깊이나 이해의 차를 말한다. 이는 시를 주관에 흐르지 않고 객관적으로 보기 위한 한 설정이다.

[206] 1937년 만주사변 이후, 민족말살정책을 적극 추진하여 양대 신문의 폐간(1940.8)「문장」「인문평론」의 폐간(1941.4), 조선어학회 사건(1942.9)등 민족적 문화활동을 금지함은 물론, 국어의 公的 사용 금지, 일본어의 상용을 강요하였고, 문인들의 정책적 이용, 신사참배, 창씨개명등 이루 헤아릴 수 없이 많다.
이기백, 한국사 신론, 일조각, 1981. 참조.
오세영, 1940년대의 시와 그 인식, 한국현대시사 연구, 일지사, 1983. 참조.

[207] 홍이섭, 앞의 책, 98~99쪽

인이 적어도 「정신」의 상실과 현실인식의 부재라는 비판을 면하게 함과 아울러, 민족정서를 간직할 수 있었다는 것이 된다. 이는 일제의 질곡으로부터의 해방에서 오는 감격과 혼란과 반성 속에서 정신사적 의의를 피는 것이다.208) 또한, 식민지 상황과 해방이 만나는 자리에 위치하는 세 시인의 역할은 매우 중요한 것이 되어, 1940년대 시의 위치와 가능성을 가늠해 주는 척도라 해도 과언은 아닐 것이다.

고은은 세 시인의 현실인식에 대해 다음과 같이 언급하였다.

> 「청록집」은 분명히 해방문학시대의 첫 보람이다. (중략) 그들은 그러나, 어떤 뜻에서 1945년의 민족해방이라는 커다란 역사적 사건과는 전혀 관계가 없거나, 해방과 문학이 만났다는 역사적 근거에서 희박하거나 한 시의 세계를 보여주었다는 지적이 가능했다. 왜냐하면, 그들의 시는 일제 암흑기의 민족적 비극에 대해서 제1의적으로 투신할만한 적극적 고뇌의식을 가지지 않았고, 그 암담한 현실에서 그들의 생득적인 향토에 돌아간 세계이다. 물론 시는 상황에 대해서 자유로운 것이다. 상황에 대하여 자유롭다는 것은 그러나 시가 상황불요의 자연 또는 향토적 배색을 답습하는 것으로 요약될 수는 없다.209)

그들의 서정세계에 대한 불만이 크게 나타난 이 글에서는 그들이 가꾸어 놓은 세계에 편견이 있다고 본다. 그들은 나름대로 식민지 상황을 극복하였고, 광복의 의미를 역사적으로 조망한다는 것은 시간적 여유가 있어야 할 성질의 것이다. 또한, 그들의 적극적 고뇌의식을 찾을 수 없다지만, 생득적

---

208) 김윤식, 한국현대문학사, 일지사, 1979, 13~43쪽 참조.
209) 고은, 실내작가론, 월간문학, 1969.8. 244쪽

향토, 상황불요의 자연을 답습한 것은 아니다. 전술되었듯이 그들의 자연은 현실대응의 공간이고 그 속에는 시대상황의 인식이 정서로 또는 비유로 드러나고 있다. 그들에게는 「빼앗긴 들에도 봄은 오는가」와 같은 강렬한 저항이 없을 뿐이다. 과연 그러한 저항을 갖춘 시인이 많았던가. 다만, 발표하지 않고 숨겨 두었던 많은 시속에 시대에 대한 모순의 지적과 적극적 항거가 없었음은 아쉬움으로 남는다. 이는 일제의 정신적 사슬을 극복해야할 힘을 보유하지 못한 것이고, 이 문제는 아직까지도 해결되지 않은 것으로 보인다.

박두진의 경우, 「산과 산들을 일으키며」[210] 에서는 적극적 항거가 보이기도 한다.

상하여 엎드린 나는 한 마리 범이로다.

간악한 이족수의 불 끝에 접질리어
나는 불의의 치욕을 당하였도다.
(중략)

나의 조상들을 무찌른
나는 그 원수들을 아노라

날뛰는 나의 이 핏줄기는
날뛰는 나의 그 조상의 핏줄이라
(중략)

---

210) 문학사상, 1981.1. 100~101쪽

죽음을 걸고 달려 들어
나는 그 원수
원수마다의
살먹을 흔들리라.

「산과 산들을 일으키며」에서

　이 시에는 역사의식과 핏줄을 인식한 것이 뚜렷하고, 치욕을 당한 조상과 「나」를 동일시하는 자긍심과 적개심, 직접적인 분노와 항거가 드러나고 있다. 「민족의 자정을 밝힌 시인의 생생한 입상」211)을 말해 주고 있다.
　이제 세 시인이 그들이 처한 현실이나 시대적 상황을 어떻게 보았나를 부족하나마 살펴보고, 시에 어떻게 드러나는가를 살펴보자.
　박목월의 경우, 다음 글에서 현실인식의 일단을 찾아볼 수 있다.

　그런 소위 세상정세라는 것에 십육억인가 십칠억분지 하나인 미미한 나로서는 근심 않아도 좋다고 하드라도 물가폭등이네 배급이네 혹은 공정가격이네 뭐네 하는 판에 정신이 어찔어찔하다. (중략) 이런 소란한 시대의 한 여백- 사진없는 필림만이 짜르르 도라 가는 것같달가. 그 히멀은 여백가운데 펑하니 처한 것같기도 하기 때문이다. 이건 비단 나 혼자 생활에서 느껴지는 것이 아니라 적어도 조선에서 문학적으로도 현시가 여백의 한 페이지일 것 같다. (중략) 조용한 「황혼(黃昏)의 노래」나 열 편이나 스므 편이나 쓰고 혹은 포플라의 노래 몇 편에 자장가나 두어편 쓰고……212)

---

211) 김용직, 어두운 밤을 지킨 문자들, 문학사상. 1981.1. 125쪽
212) 박목월, 여백, 문장. 1940.10. 183쪽

그는 1940년대의 상황을 단순히「소란한 시대」로 보고, 세상정세에 대한 무관심과 식민지 상황과 그 모순을 구조적으로 보지 못하고「여백」으로 보았다. 그 암담한 상황을 철저하게 간파한 것이 아니라 느낌으로 받아들이고 있다. 그는 이 글에서 보듯, 여백을 메꿀 의지보다 조용한 서정에 만족하거나 체념하고 있다. 이는 그가 현실에 시선을 주지 않고 개인적 삶에 충실한 그의 기질을 드러낸다. 그의 시의 좌표는 사회적 관심보다 개인 정서에 관심을 두고 있다. 다음의 진술도 이를 잘 말해준다.

> 다시 말하면, 해갈을 구하려는 생리적 욕구로서 시를 받아들이게 되고, 그러므로, 좋은 의미에서는 시에 충실하다는 뜻도 되지만, 다른 면에서는 자기의 감정에 일종의 맹목성을 띠운 극히 정서적인 것에 기울게 된다는 뜻도 된다.213)

그의 정서적인 것에 기울임은 그의 초기시가 순수한 서정세계로 나아감을 보여주고 있다.

> 이제 2차대전도 무르익고, 또한 그 종말이 가까워지게 되었다. 일제도 그 수단 방법을 가리지 않고, 마지막 발악을 했다.「문장」도 폐간되고, 우리에게는 글을 발표할 자리뿐만 아니라 우리글 그 자체도 빼앗기고「세기의 심연」은 완전히 밤이 되었다. 그러나, 나는 꾸준히 작품을 썼다.214)

---

213) 박목월, 목마른 역정, 청록집 이후, 현암사, 1968. 340쪽
214) 박목월, 보랏빛 소묘, 신흥출판사, 1958. 61쪽

해방 후에 추측하는 글로 쓰여졌지만, 그의 현실인식의 일단을 엿볼 수 있다. 그는 암담했던 일제 말의 식민지적 상황과 일제의 발악에 대하여 적극적이고 비판적인 태도를 보이지 않고,「밤」으로 간단하게 인식한다. 현실을 자아화하고자 하지 않는다. 작품을 계속 썼다는 의미도 그러한「세기의 심연」을 조망했다는 것이 아니라, 개인의 정서를 지키는데 있었음을 말해 주고 있다.

    흰 옷자락 이슴 이슴
    사라지는 저녁답
    썩은 초가지붕에
    하얗게 일어서
    가난한 살림살이
    자근자근 속삭이며
    박꽃 아가씨야
    박꽃 아가씨야
    짧은 저녁답을
    말없이 울자

                                      「박꽃」

박꽃의 이미지가 저녁 무렵과 조화되어 가난으로 인해 우는 마음과 동화되어 있다. 그러나, 박꽃의 이지미와 '말없이 울자'는 내성적 슬픔의 정서가 드러나고, 그 현실에의 관심이나 아픔은 없다. 이는 「山이 날 에워싸고」와 같이 현실에 도전하는 자세보다 주어진 삶의 조건에 순응해 가는 자세[215]와

---

215) 신동욱, 우리 시의 역사적 연구, 새문사, 1982. 264쪽

연관지을 수 있다. 그가 식민지 현실을 끈끈하게 보지 않는 자세는 대부분이 현실과 거리를 둔 서정세계에서 볼 수 있듯이 기질과 관련된 것으로 보인다. 그의 「산도화」로 대표되는 맑고 순수한 서정세계의 밑바탕에는 시대적 상황이나 현실이 주는 슬픔과 외로움의 정서가 배어 있다 하더라도, 그것은 현실의 직시에서 여과된 서정과는 거리가 있다. 박목월 시에 드러난 현실인식은 슬픔의 정서, 밑바탕에 깔린 분위기로 드러날 뿐, 현실의 어려움이나 모순을 비판적으로 보지 않으며, 상황에 대한 고뇌의식과 아픔이 드러나지 않는다. 이 점이 현실인식에 있어 초기시의 한계라 할 수 있다.

조지훈의 현실인식을 살펴보자. 후에 쓰여진 글이지만 그의 현실인식을 다소나마 엿볼 수 있다.

> 처음 시공부를 할 때는 나는 시인이란 미의 사제요, 미의 건축사여야 한다고 믿었다. 그래서 사상이고 무어고 간에 시는 우리에게 아름다움만 주면 되는 것이라는 상당한 심미주의적 경향을 띠고 있었다. (중략) 그러나, 「화비기」는 이미 현실에 대한 반발과 퇴폐의 한이 있어 뒷날의 「비혈기」나 만근의 사회시에의 경향을 내포하고 있었고……216)

> 가을이 접어들면서 나의 유유자적은 파탄에 직면하게 되었다. (중략) 진주만 폭격이 있고 나서는 내 서실의 수색이 있었고, 싱가포르 함락의 보가 전해지던 날은 주재소 수석이 와서 축하행렬을 명령하고 갔다는 것이다.217)

---

216) 조지훈, 나의 시의 편력, 청록집, 삼중당, 1975. 150쪽
217) 조지훈, 나의 문학 역정, 앞의 책. 164~165쪽

조지훈의 시적 출발은 심미적이어서 현실에 대한 관심은 적었으리라 추측되고, 후에 사회에 대한 관심이 있었다고 술회한다. 그의 추천시기를 마감하는 시점의 산문218)에서는 시 자체에 대한 생각과 「동양적 하늘」로의 복귀를 말하고 있다. 또한, 월정사에서 유유자적하게 지낼 수 있음은 현실에 직접 뛰어드려는 자세가 아니었고, 그가 「문장」지 폐간으로 인해 독주에 취하여 건강을 헤친 것은 현실에 대한 비분이나 울분이라 짐작된다. 위 글에서 보듯이, (주. 218) 그리고 조선어학회 사건에 연류되는 등 일제의 직접적인 간섭 속에서, 상황에 대하여 심각하게 보지는 않은 듯하다. 개인과 사회 현실에 대한 근본적인 대립이나 갈등은 없었던 것으로 보인다. 해방 후의 그의 활약은 순수시의 지향으로 볼 수 있는 바, 현실을 그의 정서에 용해하여 드러내리라 짐작해 볼 수 있다.

큰나라 섬기다 거미줄친 옥좌 위엔 여의주 희롱하는 쌍룡대신에 두 마리 봉황새를 틀어 올렸다. 어느 땐들 봉황이 울었으랴만 푸르른 하늘밑 추석(甃石)을 밟고 가는 나의 그림자.

「봉황수」에서

그의 역사의식이 엿보이나 현재의 시대적 상황에 맞서지 못하고 수심에 잠기고 있다. 그는 용에서 봉황으로 격하된 역사의 흐름을 극복의 차원으로 이끌지 못하고 있다. 다만, 눈물의 속됨을 알기에 호곡을 하지 않는 자세는 역사의식에서 가능한 것으로 보인다. 그의 고전적 소재들을 다룬 초기시는 다분히 민족정서에 대한 향수를 불러 일으키므로써 간접적인 현실인식의 양

---

218) 조지훈, 약력과 느낌 두 셋, 문장. 1940.3. 157쪽

상을 보였다고 할 수 있다.

그의 「낙화」를 비롯한 월정사시기와 낙향시기의 시들은 대체로 현실에 초연한 자세를 보이고 있는데, 시선일여의 불교적 영향이 컸던 것으로 보인다. 그러나, 암담한 식민지 상황에서 유유자적하는 초연의 자세가 시인으로서 또는 지성인으로서 책무를 다했는지는 의문이다.

앞서 그의 시세계에서 본 『풀잎단장』의 시들은 자신의 존재에 대한 인식에서 현실과 시대적 상황이 주는 정서를 드러내고 있고, 해방 후의 「산상의 노래」「역사앞에서」는 역사의식으로 현실을 바라보려 하였다.

박두진은 「시와 시의 양식」에서 시의 내면적 기교와 「개성적 양식」을 말하고 있다.

작가들이 생활하는 풍토의 차나 민족성의 차이에 따라 그 작품에도 동양으로 차이와 특색을 결과한다. (중략) 이와 같이, 조선시는 다른 어느 족속과도 다른 조선민족 독자의 특색있는 표현 양식이 있게 되는 것이다. 이에서 미루어 볼 때 소위 모더니즘이란 이 땅에다 뿌리박고 건전하게 성장할 수 없는 극히 부자연한 것이 아닐 수 없다.[219]

그는 개성의 확인으로부터 시적 출발과 그 방향을 모색하고 있다.[220] 그는 양식속에 정신이 들어있음으로 파악하고, 모더니즘을 풍토적으로 비판한다. 조선으로의 특수성을 강조하여 민족적인 것에 관심을 갖고 있음을 알

---

[219] 박두진, 문장. 1940.2. 160쪽
[220] 신동욱, 해와 삶의 원리, 박두진시전집1, 해설, 범조사. 1982.

수 있다. 이는 민족말살의 위기 속에서 매우 고무적인 견해로 보인다.

   그때까지 나는 그 시대가 가져다 주는 심각한 암흑성과 나 자신의 일신적인 환경이 그렇게 해주는 맵고 눈물겨운 쓰라림에 짓눌리며 암담하고 뼈저린 시련을 겪으면서 있었다. 그러한 시대고와 정신적 내적 일신적인 고초와 시련을 나는 전혀 나 자신의 힘과 정신적인 인내와 항거로써 극복하려 하였고, 또 그렇게 할 밖에 다른 도리가 없었다. 고독한 가운데 울분해 하고, 가슴에 불을 질러 태우고, 지쳐서 체념하고, 또 모든 것을 초월하여 오직 영원한 동경과 희망으로 스스로를 달래곤 하였다. 문학이나 현실적인 생활보다는 보다 더 종교적으로 참고 견디고 소망하고 승리하려 들었다.221)

   그는 식민지 상황이 주는 암담함과 그 시련을 뼈저리게 느꼈음을 말하고 있다. 그것을 극복하기 위해 그는 현실적 생활에 애착하기보다는 민족에 시선을 맞추기보다는 그것을 초월하는 보다 넓은 종교의 세계에서 그의 염원과 기다림을 찾았다고 술회하고 있다. 그는 식민지 상황을 정신적으로 해결하려 하였다. 즉, 사회의 모순의 인식과 그 아픔을 극복하려 하지 않고, 미래에의 열망으로 간 것이다. 그러므로써 그는 시대적 상황에 적극적이기보다 간접적으로 반영하리란 예측을 할 수 있다.

   문제는 위에서 본 그의 인식이 시에 어떻게 드러났느냐 일 것이다. 앞서 본 「산과 산들을 일으키며」에서는 분노와 항거가 직접적으로 드러나 있다. 이 시는 그 외침이 강하여 식민지 상황이 주는 모순을 감정적으로 처리하기

---

221) 박두진, 한국현대시론, 일조각. 1984. 371쪽

쉬웠고 내면적인 감동에 이르지 못하고 있다. 그의 대부분의 시는 자연 속에서 비유적으로 또는 식민지 상황이 주는 정서로 드러나고 있다. 특히 그의 시는 자연과의 친화속에서 생명력을 잃지 않은 것은 현실에 버티는 자세를 보여준 것이다.

산이여! 장차 너희 솟아난 봉우리에, 엎드린 마루에, 확확 치밀어 오를 화염을 내 기다려도 좋으랴?

「향현」 4연

눈같이 흰 옷을 입고 오십시오. 눈위에 활짝 햇살이 부시듯 그렇게 희고 빛나는 옷을 입고 오십시오.

「흰 장미와 백합을 흔들며」 1연

언제 서로 다른 태양 다른 태양이 솟는 날 아침에 내가 다시 무덤에서 부활할 것도 빌어본다.

「설악부2」 3연

대충 들어본 위의 구절들은 불화의 현실을 극복하기 위해서, '화염'이나 '희고 빛나는 옷'을 입은 존재, '다른 太陽'을 기다리지만, 현실이나 시대적 상황을 직접적으로 표출은 보이지 않는다. 그러한 면에서 식민지 상황이 주는 암담함과 그 뼈저린 시련이 내재되었다고 느끼기에 어려움이 있다. 위에서 볼 수 있듯이 이상에의 염원이나 기다림으로 현실의 불화를 이겨내려 한다. 다시 말하면, 현실에의 아픔이나 모순을 기다림으로 대항하려 하고 있다. 「어서 너는 오너라」「푸른 하늘아래」「별」 등에서도 그것이 잘 드러나고 있다. 박두진의 시는 적극적인 항거는 보이지 않지만, 반민족적 친일문학을 비판할 수 있는 기준,222) 힘을 보여줌은 그의 현실인식과 관련지을 수 있다.

> 밤이 다한 아침-새로 솟는 해를 맞아, 내 함빡 온 몸에
> 빛을 입고 서면- 나는, 있는 손 다아 들어 기빨처럼 흔
> 들며, 햇살입고, 흰 나래 다시 훨훨, 바다로 가는 너를 이별해 주마
> 「바다로」 마지막 연

「해」「해의 품으로」등 '해'로 표상되는 그의 현실인식에는 「일제의 억눌림으로부터 치솟아 오르는」223) 의미와 새 세계를 맞이하는 희망찬 자세를 볼 수 있다. 「해」가 해방이 갖는 격동의 의미를 포괄하기 위해서는 좀 더 구체적인 역사의식이 필요할 것이다. 그러한 의미에서 「「해」에는 만족한 기쁨의 상태가 있을 뿐…… 그것이 꼭 8.15 해방의 기쁨이라고 해석할 아무런 계기도 들어있지 않다」224)는 지적이 나올 수 있다.

박두진에 있어 역사적 근거는 종교적 신념의 표출에 의해 약화된 것으로 보이며, 그의 신앙은 현실의 아픔을 쓰다듬어 주어 초월하면서 또 다른 차원에서 현실을 바라본다 할 수 있다. 즉, 그는 현실에 대하여 초월적 대응을 보이고 있다.

---

222) 김윤식, 심훈과 박두진, 시문학. 1983.8. 100쪽
223) 신동욱, 앞의 글. 276쪽
224) 정태용, 박두진론, 현대문학. 1970.4. 301쪽

제4장 청록파의 시사적 의의

　청록파 세 시인은 1940년을 전후로 「문장」지로 등단하여, 『청록집』(1946)을 공간함으로써 해방 후의 좌우익 문단의 대립과 혼란속에서 순수문학의 입장을 옹호하는 민족진영의 각광을 받아, 시사에 새로운 활력을 주었다. 그들의 시사적 위치를 규명하기 위해서는 이전 시대의 시사의 흐름과 배경을 검토해야 할 것이다.225) 아울러서 앞서 보아온 그들의 초기시의 세계를 돌아보고, 시사적 의의를 밝히고자 한다.

　시기적으로 논란이 많은 근대시의 기점을 일단 개항기 이후로 잡는다면, 창가와 신체시에서 근대시가 출발했다고 볼 수 있다. 창가와 신체시는 시로서의 요인과 전 시대의 민요나 시조 등과 관련한 태동 양상을 살펴 그 성격을 찾아야 할 것인데, 개화계몽기에 개화사상의 고취와 앙양을 표방하는 계몽적 범주를 벗어나지 못하였고, 신시를 태동하기 위한 준비과정의 시가로 볼 수 있다. 최초의 신체시 「해에게서 소년에게」(1908)는 형태나 내용에 있어

---

225) 이의 검토를 위해 다음을 참고로 하였다.
　　백철, 신문학 사조사, 신구문화사. 1981.
　　조연현, 한국현대문학사, 성문각. 1980.
　　김현 외, 한국문학사, 민음사. 1981.
　　정한모, 한국현대시문학사, 일지사. 1981.
　　김용직 외, 한국현대시사연구, 일지사. 1983.
　　신동욱, 우리 시의 역사적 연구, 새문사. 1982.

새로운 시대풍조와 사상을 담고 있다.

　신시의 개화는 태서문예신보(1918)에서 활약한 김억, 황석우 등이 서구의 상징주의 도입에 의해 시적 자각이 이루어지고, 1919년「창조」에「불노리」를 발표한 주요한은 한국적 운율의 재생에 기여했다고 할 수 있다. 이들은 우리 현대시의 정립을 위해 많은 영향을 주었다. 특히, 김억의 역시집『오뇌의 무도』(1921)은 당시에「시의 교과서」니「조선청년의 시풍은 오뇌의 무도화」라는 말에서 느낄 수 있듯, 그 영향은 매우 컸다. 당시 상징주의 도입과 소개에는 서구시의 모방과 편협이 드러나는데 이것도 1920년대 시단에 연결되고 있다.

　3.1운동은 우리 스스로가 주체를 이루는 중요한 계기로, 우리 시에 현대성을 띠기 시작하였다. 1920년대의 동인지문학시대에는「창조」(1919)를 비롯하여「장미촌」(1920),「폐허」(1920)「백조」(1922) 등 문예지를 중심으로, 서구의 사조들이 밀려들어와 다양한 양상을 보이며, 이상화, 오상순, 김소월, 한용운 등 많은 시인들이 활약하여 그야말로 시문학시대를 이루었다. 이 시대에 비로소 현대시의 토대가 이루어지고 적지 않은 성과가 이루어졌다. 1920년대 후반은 프로문학이 성하여, 신경향파문학과 국민문학파의 대결 양상이 짙었고, 1930年代에 들어서「해외문학」과「시문학」의 등장으로 새로운 전기를 맞았다.

　해외문학파는 서구시를 소개하면서 현대시의 새로운 모색을 위한 계기를 마련해 주었다. 특히, 詩文学派는 1930년대 시를 새로운 한국시로 출발시켰다. 그것은 순수시에 대한 뚜렷한 의식, 시어에 대한 자각 등에 의해 현대시의 새로운 기점을 마련한 것이었다.

　1930년대 또 하나의 경향은 모더니즘으로 이미지즘의 이론과 함께 소개

되어, 도시와 기계문명을 회화적으로 그려내려 하였다. 모더니즘은 이 땅에서 실패하였고, 이에 대한 반발로 「시인부락」(1936)을 중심한 소위 인생파 시인들의 활약이 두드러진다. 그들은 식민지 시대의 절박한 상황 속에서 몸부림치며 인간적 고뇌를 노래하였다.

이러한 시사적 맥락위에서 청록파 세 시인은 출발하고 있다. 식민지 말기의 암담한 시대적 상황 속에서 그들은 자연을 통하여 「세기적 심연에 직면한 절대절명의 궁경」을 대처해 나갔던 것이다. 이들은 시문학파가 이룩한 기반 위에서, 박두진이 생각했던 것처럼226) 모더니즘에 반발하였다.

청록파 세 시인은 한국어(모국어)를 고양시켰다. 이는 단절된 듯한 한국혼을 이어나감을 드러내는 것이다. 시어에 대한 새로운 인식은 1930년대 시문학파의 일원이던 정지용에 의해서 인데227) 세 시인들은 정지용의 영향을 받아, 시어와 운율에 관심이 컸던 것으로 볼 수 있다.

그늘은 1930年代 시문학파와 모더니즘이 지니는 한계를 자연에 대한 새로운 인식으로, 새로운 세계로 심화시켜, 「고향의식」228)을 보여 주었고, 그들의 개성적이고 순수한 시정신은 든든한 자신의 세계를 구축하여 한국시의 새로운 가능성을 보여주었다.

그들은 한국시에 있어 소재적 대상에 머물던 자연을 관조와 친화를 통하여 높은 단계로 까지 승화 발전시켜229) 자연시로의 가능성을 제시하였다.

---

226) 박두진, 시와 시의 양식, 문장. 1940.2. 160쪽
227) 마광수, 정지용의 모더니즘 시, 문학논집, 청하. 1987. 216쪽
228) 정한모, 청록파의 시사적 의의, 청록집 기타, 현암사. 1968. 311쪽
229) 최창록, 청록파에 있어서의 자연의 해석, 현대문학 1971.10. 364쪽 참조

세 시인은 일제 말기의 친일문학이 주는 상처의 극복을 시사하고 있다.

> 우리는 민족적 현실의 초극을 위한 저항을 노래하진 못하였으나 붓을 꺾고 숨어서 시를 씀으로써 치욕의 페이지에 이름을 얹지는 않았고 쫓긴 이의 슬픔속에 잠겨서 시를 썼으나 퇴폐에 몸을 맡기지 않아 희구하는 슬픔으로 빛을 삼았던 것만은 확인할 수 있다.230)

대체로 담담하게 쓰여진 이 글은 당시의 상황과 문제를 잘 보여 준다. 우리 정서와 정조를 지키므로써 해방후에 순수시의 방향을 제시함과 아울러 서정시의 새로운 지평을 열므로써 전통의 맥을 이어갔다.231)

그들은 현실에 대한 적극적 저항이나 식민지 현실의 모순을 극복하는 의식의 결여를 보이는데, 엄밀히 말하여 식민지 상황을 극복하거나 해방의 의미와 만나지 못하나, 그들의 독특한 서정세계는 민족의식을 고양하여 가치관의 혼란과 민족정서의 도착에서 민족적 동일성 회복의 정서를 제시하였다 할 것이다.

이러한 그들의 시사적 의의는 당시에 발표되었던 시 또는 1940년 시인들과의 연계속에서 보다 분명해질 것으로 보인다.

---

230) 조지훈, 내 시의 고향, 세대1호. 1963.6. 228쪽
231) 김춘수(청록집의 시세계, 세대1호. 1963.6)에 의해 20년대 시인과의 연결을 시도한 바, 제시에 그치고 있다. 보다 본격적인 접근이 요구된다.

제5장 맺음말

　본 연구는 1940년대의 시문학의 양상 중에서 청록파 세 시인의 초기시를 개인의 정서와 사회 현실과의 관계의 관점에서 살피려고 하였다.
　앞에서 보아온 바와 같이, 먼저 세 시인의 초기시의 양상을 살피고, 그들에게 주요한 테마인 자연의 수용, 발화로서의 시의 관점에서 시적자아를 분석해 보고, 현실인식의 문제를 검토하면서 그들의 시사적 의의를 찾아보려 하였다.
　세 시인은 독특한 자기의 서정세계를 이루웠는 바, 조지훈은 잦은 변모 속에서도 관조의 자세를 잃지 않았으며, 박목월은 개인의식의 상승에 의해 순수서정세계를 이룩했는데, 이는 현실대응으로 이상향을 창조한 것으로 보이며, 박두진은 불화의 현실을 인식하고 그것을 극복하기 위해서 신앙을 바탕으로 화해의 세계를 지향해 나가며, 그 이상향(이상과 신앙의 세계)의 세계에의 기다림이 지속되고 있음을 보았다. 그들은 현실과의 관계에서 나름대로 자신의 개성을 발휘하였다.
　세 시인의 시에 나타난 자연 수용의 양상을 통하여 그들의 자연의 성격을 밝혀 비교하였던 바, 한국시에 있어 자연의 새로운 수용이 엿보였다.
　발화의 양상의 입장에서 그들의 시에 드러난 시적자아를 중심으로 대상이나 세계와의 관계를 살펴 그들의 시세계에 대한 확인과 근거를 마련하였다.

또, 그들의 시에 나타난 현실인식을 보다 면밀히 보기위해 그 일련의 과정을 상정하고 이에 따라 그들의 시에 나타난 현실인식을 보려 하였다. 대체로 그들은 식민지 상황이나 해방에 적극적 항거나 시선을 주지 않았으나, 식민지 상황과 현실이 주는 정서를 승화시켰다. 또한, 시인의 의도와 시에 드러난 양상을 보았는데, 그들이 갖고 있는 개성이 드러냄을 알 수 있었고, 박두진의 경우는 비유나 상징으로 현실을 드러내었다. 시인의 의도를 밝히는 작업은 보다 새로운 방법이 요구되었다.

그들의 독특한 서정세계는 시사적 의의에서 살핀 바와 같이, 매우 중요한 역할을 했음을 알 수 있다.

세 시인의 1940년대 시적 양상을 보다 분명히 하기 위해서는

1) 전통성의 계승문제로 20년대 내지는 30년대 시와의 연계성 검토
2) 당시에 발표된 시 또는 1940년대 주요 시인과의 비교
3) 세 시인의 시의 보다 근본적인 형태로의 검토
4) 주요 이미지의 전개 양상 등의 연구가 필요함을 느꼈다.

그들의 초기시의 양상은 개성있는 시 세계를 구축하였으나, 시대적 상황의 변화 속에서 시적 변모를 해야 할 내적 요소를 갖고 있었다. 조지훈은 관조의 세계에서 보다 현실에 가까운 세계로, 박목월은 그의 이상향에서, 박두진은 화해로운 세계, 이상의 세계에서 현실에 접하는, 맞서는 세계로 나아갈 수 밖에 없었다 하겠다.

이 연구는 그러한 변모 양상을 살피지 못하여 온전한 시세계를 보지 못하므로써 한계를 갖으며, 앞으로의 과제로 남는다.

참고문헌

「자료」

문장

청록집, 을유문화사. 1946, 삼중당, 1975.

조지훈 전집, 일지사. 1973.

산도화, 영웅출판사. 1955.

박목월 시전집, 집문당. 1984.

박두진 시전집 1, 2, 범조사. 1982.

청록집 기타, 현암사. 1968.

조지훈, 시의 원리, 신구문화사. 1959.

박목월, 보랏빛 소묘, 신흥출판사. 1958.

박두진, 시인의 고향, 범조사. 1958.

    한국현대시론, 일조각. 1984.

    현대시의 이해와 체험, 1976.

「논저」

강현국, 청록집의 어조문제, 국어교육연구. 1984.2.

고은, 실내작가론, 월간문학. 1969.8.

권명옥, 목월 시 연구 상, 하, 심상. 1983. 3~4.

김대행, 한국시의 전통연구, 개문사. 1980.

김동리, 자연의 발견, 문학과 인간, 인간사. 1952.

김문직, 시와 신앙, 세대. 1964.6.

김봉군, 청록파의 ecole 시비, 국어교육 21집. 1973.6.

_____, 조지훈 시 연구, 성심어문논집 8집. 1985.5.

김열규, 화해된 슬픔의 시학, 심상. 1983.4.

김병익 외, 현대한국문학의 이론, 민음사. 1978.

김용직, 한국현대시연구, 일지사. 1974.

_____, 시와 신앙, 현대시학. 1974.12.

김용직 외, 한국현대시사연구, 일지사. 1983.

김용태, 조지훈의 선관과 시, 수연어문논집 3집, 부산여대. 1975.12.

김우창, 궁핍한 시대의 시인, 민음사. 1977.

김우정, 박목월론, 청록집기타, 현암사. 1968.

김윤식, 한국문학사논고, 법문사, 1973.

_____ 한국근대문학사상, 서문당, 1974.

_____ 속) 한국근대문학사상, 서문당, 1978.

_____ 한국현대문학사, 일지사, 1979.

_____ 한국근대문예비평사 연구, 일지사, 1984.

_____ 심훈과 박두진, 시문학, 1983.8.

김종길, 조지훈론, 청록집 기타, 현암사, 1968.

김종길 외 조지훈 연구, 고대출판부, 1978.

김종균, 한국근대시인의식연구, 고대 대학원, 1982.

김주연, 문학비평론, 열화당, 1978.
_____ 변동사회와 작가, 문학과 지성사, 1979.
_____ 새로운 꿈을 위하여, 지식산업사, 1983.
김준오, 시론, 문장, 1987.
김춘수, 시론, 문장, 1982.
_____ 청록집의 시세계, 世代, 1963.6.
김치수 외, 식민지 시대의 문학연구, 깊은 샘, 1980.
김현 외, 한국문학사, 민음사, 1981.
김현자, 목월시의 감각과 시적 거리, 문학사상, 1984.9.
마광수, 상징시학, 청하, 1985.
_____ 마광수 문학논집, 청하, 1987.
박두진 외, 청록집 이후, 현암사, 1968.
_____ 박두진 교수 정년퇴임기념문집, 대양출판사, 1981.
박철희, 청록파 연구(Ⅱ) 동양문화 14·15합집, 1974.
백철, 신문학사조사, 신구문화사, 1981.
박이도, 예언자적 포효, 기독교사상, 1981.9.
_____ 언어의 대상화 및 형태미에의 집착, 심상, 1985.5.
신동욱, 우리 시의 역사적 연구, 새문사, 1982.
_____ 문학의 비평적 해석, 연대출판부, 1981.
_____ 지상적 삶의 한계의식과 사랑, 심상, 1983.4.
_____ 박두진 시에 있어서 저항과 지속의 의미, 세계의 문학, 1983.12.
신대철, 박두진 연구Ⅱ~Ⅲ, 국민대 어문학 2~3집, 1983.2~1984.2.
송재영, 조지훈론, 창작과 비평, 1971, 가을호

안수환, 크리스챠니티 수용, 시문학, 1975.7.

오탁번, 현대문학산고, 고대출판부, 1983.

윤재근, 박목월의 지향성, 심상, 1978.5.

이건청, 한국전원시연구, 문학세계사, 1986.

이기백, 한국사신론, 일조각, 1981.

이상섭, 문학 연구의 방법, 탐구당, 1983.

_____ 문학비평용어사전, 민음사, 1983.

_____ 언어와 상상, 문학과 지성사, 1981.

이선영, 상황의 문학, 민음사, 1974.

_____ 작가와 현실, 평민서당, 1978.

이선영 편, 문학 비평의 방법과 실제, 동천사, 1983.

이승훈, 사물로 통하는 하나의 창, 박목월, 지식산업사. 1981.

이형기 편, 자하산 청노루, 문학세계사, 1986.

장덕순 외, 한국문학사의 쟁점, 집문당, 1986.

정창범, 박목월의 시적 변용 상·하, 현대문학, 1979.2~3.

정태용, 박두진론, 현대문학, 1970.4.

_____ 박목월론, 현대문학, 1970.5.

정한모, 한국현대시문학사, 일지사, 1981.

_____ 현대시론, 보성문화사, 1986.

정현기, 박두진론(Ⅰ), 연세어문학 9·10합집, 1977.6.

조상기, 조지훈론, 한국문학연구 1집, 1976.

_____ 박목월론, 한국문학연구 3집, 1980.

조연현, 한국현대문학사, 성문각, 1980.

최창록, 청록파에 있어서의 자연의 해석, 현대문학, 1971.10.

홍이섭, 한국정신사서설, 연대출판부, 1983.

Brooks & Warren, Understanding Poetry. Holt RineHart Winston. 1976.

R. Wellek & A. Warren, Theory of Literature, Pengin Books 1966.

T. S Eliot (이승근 역), 시의 효용과 비평의 효용, 학문사, 1981.

M. H. Abrams (최상규 역), 문학비평용어사전, 대방출판사, 1985.

에리히 아우얼 바하 (김우창, 유종호 공역) 미메시스, 민음사, 1979.

(그외 각주로 대신함)

II
1940년대 시의 양상

제1장 머리말 : 1940년대 문학연구의 방향

제2장 몸말

      1. 현실인식의 시적 이해와 그 양상

      2. 1940년대 시의 양상

      3. 박남수 초기시의 경우

제3장 맺음말

제1장 머리말

1940년대 문학연구의 방향

시는 적어도 한 시대의 예언, 칼의 방패 또는 사랑의 순례를 보여주는 정신의 현장이다. 시대가 어려울수록 그 정신의 맥은 더 분명히 드러나기도 하고 그 모습을 감추기도 한다. 문학연구는 그러한 다양한 양상을 일관성있게 살피는 일이 중요하다. 그 일관성은 우리의 문학을 하나의 큰 흐름으로 보는데에 관건이 되리라 생각한다. 이 글은 그 일환으로 씌여졌다.

한국문학과 그 연구는 해방이후 꾸준히 그 넓이와 폭을 넓혀 왔다. 그러나 강점기 말기에 해당되는 1940년대 문학에 대해서는 아직 미진한 바 없지 않다. 이제까지 이루어진 40년대 문학전기에 대한 연구는 암흑기 또는 공백기의 문학, 일제어용문학의 시대 등으로 요약될 수 있다. 이러한 고찰은 대체로 40년대의 시대상황에 따른 양적, 표면적인 현상에 중점을 둔 것으로 보인다. 그러나, 좀 더 깊이있게 고구(考究)되어야 겠지만, 작품의 내면에 흐르는 정서와 현실에 대한 인식에 대한 보다 신중한 관심으로 본다면 우리 문학의 끈끈한 맥을 발견하리라 믿는다.

그러한 의미에서 1940년대 문학은 다분히 민족정서와 민족의식을 담고 있는 작품과 그 의식의 발견으로 재구(再構)되어야 할 여지가 있다. 물론, 문학의 기술이 설정된 한 방향으로 무작정 이끌려서는 안되며 폭넓고, 조심스러운 접근이어야 할 것은 두말할 나위가 없을 것이다. 「문학사는 결국 민족문학사」라는 의미를 새겨볼 때 나라를 잃고 민족이 억압받는 상황 속에서 손상된 한국문학을 치유하는 길은 겉으로 드러난 세계를 인식하여 연구하기 보다는 안으로 스며있는, 잠재해 있는 민족의식의 바닥을 조심스럽게 발전시키는 일에 있다. 그것은 1940년대 문학 연구의 방향을 시사해 주리라 생각한다. 앞으로 1940년대의 전반적인 고찰을 통해 그 문학적 성격의 의미는 뚜렷이 드러날 것이다. 이 글은 그러한 맥락 속에서 시의 면밀한 검토를 위해 「현실인식」의 문제에 중점을 두면서, 1940년대의 시적 상황과 특히, 박남수의 시를 살피고자 한다. 그의 시적 출발이 식민지하의 극한 상황 속에서 출발하였고, 1940년대 시의 민족정서의 영역을 확대하는 의미에서 그의 초기시를 살펴 보려고 한다.

제2장 몸 말

1. 현실인식의 시적 이해와 그 양상

시에 드러나는 현실인식의 실마리를 풀기 위해서, 시를 통하여 그 창작의 과정을 생각하고, 그것을 문학연구의 한 방법으로 이끌 때에 시와 시인 그리고 그의 여러 환경과 기질, 작품이 창작된 시대의 현실, 역사적 상황에 대한 관계를 생각하지 않을 수 없다. 그러나, 그 관계 규명은 용이하지 않지만 그럼에도 그러한 요소들의 정립을 모색하는 것은 문학연구의 새로운 시도로 여겨진다.

에이브람즈(M. H. Abrams)는 4개의 비평영역-작품(work), 작가(maker), 세계(universe), 독자(audience)-을 설정하고 어디에 중심을 두고 기술하느냐에 따라 그 의미망이 달리 드러남을 보이고 있다. 그러나, 단순히 말해서 그는 그 영역에 의한 연구를 의미했을 뿐, 전체적인 조화 그 사이의 거리를 보지 못 했다. 또한, 시, 시인과 시인이 처한 시대적 역사적 상황의 연계에 대한 인식이 보이지 않는다. 그리고 독자는 당시대의 사람이라 할지라도 그러한 연계에 끼어든 삼자적 입장에 있음을 간과해서는 안된다. 충실한 독자는 그러한 연계와 또 다른 연계를 맺으려고 노력한다.

신비평(New Criticism)은 시의 효과적 이해는 작품 외적 조건에서가 아니라, 작품만으로 즉, 시의 내적요소들로 가능하다고 보았다. 이는 시 자체가 과연 절대적인가 그리고 언어가 역사를 떠나 존재할 수 있는가 하는 반론에 부딪혔고, 마침내 월렉(R. Wellek)은「비평의 개념(concept of criticism)」등에서 역사주의를 도입하였다. 즉, 작품을 중심으로 역사에 대한 인식을 보인다.

이 글에서는 이러한 문제를 염두에 두면서, 새로운 접근을 시도하고자 한다. 시에 있어서 현실인식의 문제를 고려할 때(물론, 현실인식에 의해서만 그런 것은 아니지만) 제기되는 것이 시인의 현실에 대한 의식의 정도와 그 판단, 시에 드러난 인식, 그리고 시를 감상하는 독자의 평가 기준이나 인상의 차에 따라 시의 평가는 달리 나타난다. 그러므로, 그러한 점의 인식과 연계의 고려없이는 현실인식, 나아가 문학에의 올바른 접근이 되지 못할 것이다.

여기서 다시 한번, 한 작품이 갖는 연계성과 독자를 같은 선상에서 취급하는 것은 중요한 잘못이다. 비평가를 포함한 독자는 작품의 감상자나 연구자일 뿐 그 시의 본질과는 거리가 있으며 그 시를 쓴 시인과도 잉태의 과정과 친밀감 등에 있어 미칠 수 없다. 다만, 문학연구는 인간이 공유하는 언어와 체험을 통하여 시인의 개성을 보편성 있게 평가하는 일로 여겨진다.

문학이 현실을 반영한다고 할 때에, 시인은 현실이나 상황과의 관계 속에서 그 양상을 시에 드러낸다. 이를 통하여 시인의 정신과 세계에 대한 자세를 엿볼 수 있다. 특히 식민지 시대의 문학은 현실과의 대립과 갈등 속에서 현실이나 상황에 대한 올바른 인식과 그것을 극복하려는 내적 고뇌와 아픔이 요구된다. 시대가 어려우면 어려울수록 그러한 정신적 측면이 중요시 된다. 물론, 그것이 언어에 의해 형상화될 때에 시로서의 가치가 주어지나, 시가 한 시대의 정신을 드러낸다 하는 것은 그와 같은 맥락에서 파악된다. 결국, 문학에 있어 현실인식은 「역사의식으로의 문학정신」과 연결할 수 있다.

앞서 언급한 현실인식의 파악은 다음과 같이 요약될 수 있다. 즉, 시인이 살던 시대 또는 시가 쓰여진 시기의 현실이나 시대적 상황이 시인의 내부에 수용되어, 언어를 통해 어떻게 드러났는가 하는 일련의 과정에 주목하는 일이다. 이러한 현실인식의 문제를 살피기 위해서는 먼저 현실의 개념 설정이 필요하다. 현실은 폭넓게 설정한다면 이 세상에 현실 아닌 것은 없다. 그러나, 그 모든 것을 현실이라고 생각하지는 않는데, 일단, 현실을 실제로 존재하고 있다고 생각되는 객관적인 여건의 전체로 정의하여 볼 수 있다. 그러나, 한 시인이 그 모든 것은 인식하기 어렵거니와, 시인의 관점 등 개성에 의해 선택되고 있음에서 앞서 본 객관적인 여건 전체의 실체를 이해하기란 어려운 것으로 보인다. 그렇다고, 인식하는 주체와의 관계로 보면 현실은 객관적으로 존재하기 힘든 것이 된다. 그러므로, 현실은 인간이 공유하는 비슷한 삶의 방식을 포함하여 대체로 인정되는 객관적 여건으로 이해할 수 있고 여기에 인식하는 주체인 시인과 관계가 놓여진다. 그러한 현실이 시인의 개성에 의해 드러남으로써 또 다른 현실로 변용된다. 이 새로운 현실을 객관적 여건과 견주어 보면, 그의 현실인식은 밝혀질 것으로 보인다. 그리고 시에 있어 현실인식은 「나를 둘러싸고 있는 것이 무엇인가」하는 각성, 즉, 자아에 대한 인식과 동시에 발생하는 것이라 할 때, 개성과 객관이 만나는 데에서 이루어지는 것이다. 곧 현실의 자아화의 양상을 보이는 것이다. 이제 논의된 현실인식의 파악을 도표로 보면 다음과 같다.

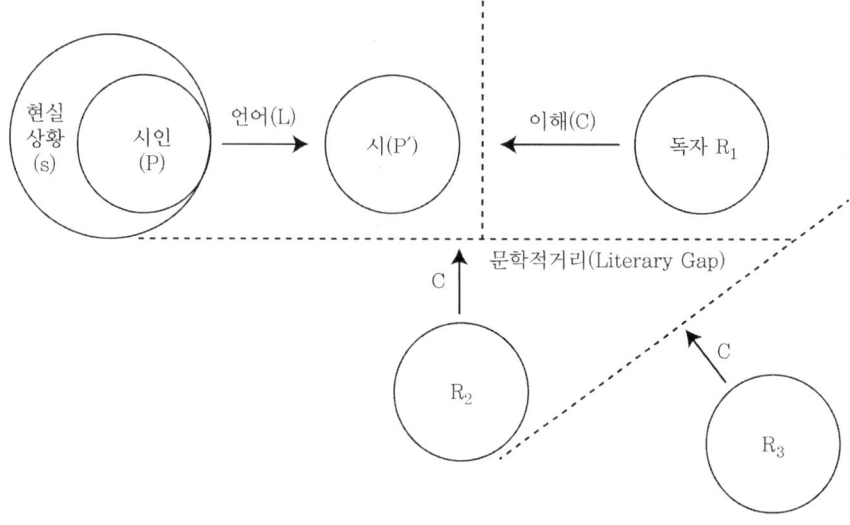

위에서 설명되는 바와 같이, 시(P')에 드러난 현실인식을 살피기 위해서는 다음과 같은 점을 고려해 볼 수 있다.

1) 시인이 살던 시대 또는 작품이 쓰여진 시기의 현실과 시대적 상황(S)은 어떠한가.
2) 시인의 1)에 대한 인식 정도와 그 판단은 어떠한가.
3) 시인의 의식이나 의도, 즉, 2)가 어떻게 시로 드러났는가 (P와 P'의 관계규명)
4) 시와 독자 사이에는 문학적 거리(Lite-rary Gap)가 존재하는 바, 그것을 어떻게 극소화할 수 있는가.

흔히, 시를 이해함에 있어, 2)를 파악하기 쉽지 않으므로써 2)와 3)을 동시에 보고 있음을 알 수 있다. 이러한 접근에서는 문학적 거리(Literary Gap)를 염두에 두어야 한다. 그 거리감은 오히려 시를 마음대로 보기를 수긍한다기보다 시가 갖는 언어의 보편성에 따른 이해와 역사적 인식에 의해 평가가 가능하리라 생각한다.

이제는 앞서 보아온 시의 이해를 바탕으로 시에 드러난 현실인식의 양상을 살피고자 한다.

이미 언급되었듯이 시가 갖는 개성 위에 현실과 환경 등이 용해되어 있으므로, 시속에서 현실인식의 양상을 살피는 일은 시인의 기질과 개성에 대한 이해와 현실적 시대적 상황의 이해가 선행되어야 할 것이다. 시의 한 구나 문장으로 그것을 단정하기는 어려우며 전체적 인식이 요구된다. 특히 서정시의 경우 좀처럼 현실에 대하여 직접적으로 드러내지 않으며, 현실을 분해 또는 종합적 인식으로 보인다. 또, 현실이 언어를 통하여 시에 드러난다면, 그것은 굴절되어 나타난다고 볼 수 있고, 현실에 대한 언급이나 제약을 받는 경우 그 굴절은 더욱 심하리라 생각한다. 그렇다면, 그 굴절의 의미를 어떻게 볼 것인가. 이 문제가 문학을 이해하는 핵심이 될 것이며, 앞으로의 주제가 될 것이다. 일단은 시인, 현실 및 시대상황에 대한 개별적인 연구가 언어에 의해 드러나는 시에 대한 연구와 함께 병행되어, 그것들의 상호 연관이 굴절된 의미망을 조망하는 한 방법이 되겠다.

2. 1940年代 시의 양상

1940年代의 시대적 상황은 日帝가 만주사변이후 1937년 전면적인 중국 침공이후 소위「국가동원령」을 실시, 내선일체를 내걸고 민족말살정책으로 요약된다. 그 내용을 대별해 보면 다음과 같다.

1) 일제가 침략전쟁을 수행하기 위해 한국인의 문화단체를 그들의 정책에 이용하였다. 바로 조선문인협회(1939.10)의 결성은 한국문인들을 일제의 전쟁수용의 선전대로 활용하였다.
2) 민족적 문화활동을 금지하여, 조선, 동아의 한글신문의 폐간(1940.8),「문장」,「인문평론」의 폐간(1941.4), 조선어학회사건(1942.9), 진단학회 해산(1943.9)등을 하였을 뿐만 아니라, 일본어의 상용을 강요하였다.
3) 한국인에 대한 말살적 행위는 신사참배의 강요, 창씨개명의 시행 (1940.2), 사상범 예비구속령(1940.3), 징병제 실시(1943.3), 학병제 실시(1943.10)등에서 극한상황을 보인다.
4) 식량, 원료 및 노동의 강제 동원의 실시로 한국인들이 탄광, 군수공장등으로 징용되어 그들의 전쟁에 정신적, 물질적으로 희생되었다.

이러한 상황하에서 일제의 실상은 바로 보고 이에 글로 대항하는 것은 그 제한이 실로 엄청났을 것이며, 그 표출 또한 어려웠을 것이다. 문화활동을 통한 민족정서는 위축을 받지 않을 수 없었다.

그 당시 문학적 성격은 1) 한국어의 公的 사용의 전면적 금지로 우리말을 매체로 한 문학이 존재할 수 없어, 문학의 본질이 언어에 있다면 한국문학의

「표면적」 말살위기에 처해 있었고, 2) 한국문학을 이념상으로 부정하여 일본문학의 지방문학, 반도문학으로 귀속시키려 하였으며, 3) 일본의 국책을 실현시키기 위한 어용문학단체를 결성, 문인들을 조직적 강압적으로 그들의 활동에 동원하였고, 태평양전쟁(1941)의 당위성과 조선 청년의 자원 입대 선동을 선도하는 전쟁동원문학의 양상을 보인다.

이러한 40년대의 문학의 성격 규명은 그 나름대로 충분한 설득력을 갖지만은 민족정신사적 측면에서 적극적이던 소극적이던, 양적으로 소수이던, 그리고 감추어 졌던 간에 민족적 정서를 가진 시들이 40년대의 주요한 면모로 대두시켜야 할 것이다. 그것은 현실이 이미 그 제약의 극한을 넘어선 불구의 현실이었으며, 40년대 문학이 반민족문학의 시대적 조류에 휩싸였다 할지라도 친일시(국민시)에 대한 순수문학 또는 민족문학의 정신이 그 명맥을 굳건히 잇고 있음을 확인할 때에 40년대의 시사(詩史)가 암흑기, 공백기, 일제 어용문학기로 보아서는 안될 것이다. 즉, 국민시에 대한 도전과 반발도 거센 것이었고, 그것은 곧 민족문학의 여맥을 의미하는 것이며, 질식할 듯한 당시의 정서에 저항하다가 수난을 당하는 시인을 목격함에서 한 근거를 마련할 수 있다. 윤동주의 경우처럼 민족적 아픔을 내적 아픔으로 새기면서 기약없는 글을 쓰다 일제에 의해 체포, 순국하거나, 일제 전시하의 암흑상을 상징적 기교와 교묘한 은유로써 시를 쓰거나, 박두진 등 많은 젊은 시인들이 책상 서랍속에 저항의 의식을 잃지 않았던 것은 곧 한국문학의 전통적 맥이, 정신이 끊어지지 않고 이어지고 있음을 보여준다. 그러한 정신과 현상은 쉽게 간과해서는 아니된다. 그러함에도 다음과 같은 의문의 제기를 무시할 수는 없을 것이다.

첫째, 예외적으로 씌여진 몇 편의 시가 과연 시대의 의식을 대변하는 것인가?

둘째, 민족이 탄압되고 모국어가 말살되는 시대에 있어, 문학의 순수성을 지향하는 행위 그 자체가 과연 어떠한 의미를 지니며 또한, 무언의 야합을 의미하는 것은 아닌가.

이러한 의미의 해명은 겉으로 드러나는 문학의 표출 즉, 식민지 말기의 소위「국민문학」을 극복하는 길로 보인다. 앞서 제기된 의문에 대한 반론은 충분히 가능하다고 생각한다.

첫째,「시대의식」이란 무엇인가, 한국인이 가져야 할, 한국문학이 지향해야 할 시대의식은 표면적인 현상, 눈으로 보이는 현실에 머무를 것이 아니라, 그 이면에 재내된 민족성의 지향과 그 가치에서 찾아야 할 것이다. 또한 마땅히 시대적 조류와 시대의식은 구분되어야 할 것이다. 우리는 가치가 전도된 혼탁한 시대를 쉽게 찾아볼 수 있다. 일시적 현상에 따른 조류가 시대의식을 대변할 수는 없다. 문학에 있어 정신적 측면과 그 대표에 있어 문제적 개인 또는 작품에 의해 한 시대가 규정되거나 분명한 선을 긋는 것과 마찬가지로, 몇 편의 시가 한 시대를 대표할 수 있다.

순수문학의 문제에 있어서는, 문학행위 자체가 대 사회적 저항만이 주제로 부각된 필연성이 있는가의 대답으로 실마리를 풀 수 있다. 전쟁 속에서도 치열한 전투만이 있는 것이 아니라, 그 속에 얼마든지 사랑과 휴머니티가 존재할 수 있다. 더구나, 지면에 발표되는 것은 철저한 검열과 통제 속에서 이루어졌고, 민족정신을 직접적으로 형상화시킬 수 없었던 극한 상황이었다는 것을 잊어서는 안된다. 다만, 이러한 반론에 아쉬운 점은 1940년대에 활약했던 시인들이 당시의 상황을 기록한 미발표의 시에서 저항적 시의 발견이 드물다는 사실이다.

이제, 1940년대를 정리하기 위해 당시에 발표된 시를 정리해 보기로 한다.

오세영(한국현대시사연구 1983)은 1940년대 시를 다음과 같이 대별하는 바 앞으로의 연구에 시사하는 바 크다고 생각한다.

1) 일제어용시(국민시)에 참여하지 않고 순수시만을 창작했던 시인(윤곤강, 이병기, 김광균, 변영로, 박목월 등)
2) 일제어용시의 창작에 가담하면서 한편으로 순수시를 쓴 경우(서정주, 임학수 등)
3) 일제의 탄압을 피해 숨어서 시를 쓰다가 해당이후에 이를 발표한 시인 (윤동주, 허민, 박두진, 조지훈, 박남수 등).

이러한 유형에서 1)과 3)의 성격 규명이 1940년대 시의 정립에 큰 도움이 되리라 본다. 즉, 내재적 민족정서의 정립과 관계되는 것이며, 친일적 요소의 처리문제는 앞으로 계속 논의될 과제이다. 즉, 국민문학의 한국문학사에서의 위치 문제인 바, 장덕순은 「한국문학사」(일제 암흑기의 문학사, 1963, 세대 3호 참조)에서 "암흑기의 문학에서는 매국문학만이 발호하였고, 이들의 치욕과 모멸의 문학사라 하더라도 이것이 새로운 문화창조와 그 활동에 이바지할 것"이라 말한 바, 우선 그 서술의 묘가 빈약하며 「매국문학만의 발호」가 외형적 관찰에 의한 섣부른 진술로 여겨지나, 그 내재적 힘의 고찰이 더욱 중요한 의미를 시사하고 있다고 생각되며 친일문학의 치욕과 모멸에 찬 문학사에 편입된다 함도 「새로운 문화 창조와 그 활동에 이바지」라는 의미에서보다는 그러한 문학을 통하여 저항적인 서정시의 가치를 높이고, 민족문학으로의 지향점을 찾는 데에 의의가 있으리라 생각한다.

3. 박남수의 초기시의 경우

1939년 10월 「문장」에 「심야」와 「마을」로 추천에 오르는 박남수는 시선후에서 「섬섬약질」(정지용)의 평을 받는데, 그의 서정의 특색은 단순한 자연에의 귀의와 그 표현이 아니라, 서경속에 시대상을 암시해 주는 듯한 불안의식의 표출이 보인다.

하이얀 박꽃이 덮힌 초가집 굴뚝에 연기 밤하늘을 보오얗히 올르고, 뜰안에 얼른얼른 사람이 흥성거린다.

「심야」에서

뜰안 암탉이
제 그림자 쫓고
눈알 또락 또락 겁을 삼킨다.

「마을」에서

깊은 밤에 「흥성거림」은 범상한 일이 아니다. 거기에는 무언가 위험하고 불안한 사태가 있음을 짐작하게 한다. 그가 구체적으로 그 불안의 실체를 드러내지 못하고 암시의 상태에 머무는 것은 초기시의 한계이지만, 시대상황에 견주어 상상의 폭을 가져다 줄 수는 있을 것이다. 마찬가지로, 「마을」에서 암탉이 보여주는 행위는 시인의 심리상태를 드러내는 것으로 막연하나마 외부상황에 불안함을 드러내고 있다.

1939년에서 1940년간에 발표된 8편의 시들을 정리한 『초롱불』의 세계는 대체로 그 불안의식이 바탕이 된 듯 싶다. 그 이후 10여년의 침묵을 거쳐 『갈매기의 소묘』에서는 이미지의 세계로 나아가고 있다. 이 글의 초점은

1940년대의 시적 양상의 하나로 그의 초기시를 살피는데 있다.

앞서 본 현실인식의 일련의 과정에서 시인이 시대적 상황을 어떻게 인식하였는가를 살피는 일은 시의 면모를 보는 중요한 일이라 하였는데, 박남수의 현실에 대한 인식은 문헌(글)로 잘 드러나지 않고 있다.

그는 「조선시의 출발점」(문장, 1940.2)에서 "훌륭한 表現만이 예술가의 특권이다. 전달에 그치는 예술이란 있을 수 없는 것이다. 훌륭한 표현이란 「짧고 비약적인 함축있는 언어」 (이효석)로, 자기가 의욕한 세계를 틈없이 그려 내는 것이다"라고 시의 표현을 강조하였지 「자기의 의욕한 세계」의 구체적인 모습을 언급하지 않고 있다.

다시 말해서 현실에 대한 적극적인 인식이 드러나지 않고 있다. 박목월의 경우에는 세상 정세에 대한 무관심과 식민지 상황과 그 모순을 구조적으로 또는 철저하게 보지는 못했으나 「소박한 시대의 여백」으로 「사진없는 필림」의 인식을 보이고 있고, 박두진의 경우, 1940년대 당시의 회고를 통해 시대고나 정신적 고초와 시련을 인내와 항거로써 극복하려 했던 흔적을 보이고 있다.

박남수는 현실을 그의 예술적 감각으로 감당하려 했던 것 같다. 김춘수가 지적하듯이 그의 시작태도는 대체로 윤리적 배려(역사적 상황에 대처하는 시인의 태도)는 희박하고 미학적 배려에 관심을 갖는다 하겠다. 또한 그가 식민지하의 현실적 상황을 서경의 세계로 묘사하면서 단지 암시의 배경으로 그치는 것은 「교묘한 암시의 세계」로 보기에는 석연치 않다.

별 하나 보이지 않는 밤하늘 밑에
행길도 집도 아주 감초였다.

풀짚는 소리따라 초롱불은 어디를 가는가.

괴턱 원두막 일상한 곳을 지나
문어진 옛 성터일쯤한 곳을 돌아

흔들리는 초롱불은 꺼질 듯 보이지 않는다.

조용히 조용히 흔들리는 초롱불…

「초롱불」

「초롱불」의 이미지를 통하여 암담한 상황의 전도를 말하려 하나 「초롱불」의 이미지는 방향을 상실하고 「흔들리는 것이 되어」 시대적 상황에 대처하는 의지를 엿볼 수 없다. 그것은 불안의 연장속에 놓인다. 정지용이 지적하듯이, 「발자취 소리를 숨기여 가며 나븨를 뒤로 잡는 법」으로, 그의 시에는 치열한 시대정신을 엿보기 어렵다. 그것은 그의 초기시 대부분이 밤이 배경으로 설정된 것과 무관해 보이지 않는다. 즉 그의 「밤」은 현실을 덮어버릴 수 있는 현실의 암담함을 떨쳐버린 공간이라 할 수 있고, 「낮」의 모습이 감추어진 뒤의 안식하는 시간이기도 하다. 단지 「밤길」(문장, 1940.1)에서는 같이 게재된 육사의 「절정」과 같이 「한 발 재겨 디딜 곳조차 없는/매운 계절」의 날카로운 인식이나 지사적 면모를 찾을 수 없으나, 당시의 암담했던 일제 암흑기의 인식이 드러나고 있다.

이윽고 홀딱 지나간 번개불에
　　능수버들이 선 개천가를 달리는 사나히가 어렸다.

　　논뚝이라도 끊어져 달려가는 길이나 아닐가.
「밤 길」에서

　　「밤길」은 단순한 서경에 머무르지 않고 현실적 상황에 초점을 주고 있다. 즉,「능수버들이 선 개천가를 달리는 사나이」와「논뚝이라도 끊어져 달려가는 길」의 이미지는 다양한 시폭을 가져 심상치 않은 현실을 보여준다. 뇌성폭우의 밤을 달려가는 상황은 메타포로 하여, 식민지 시대의 절박한 상황으로 이해되며,「논뚝이라도 끊어져 달려가는」구체성은 40년대 서정시의 독특한 일면을 보이고 있다. 그것은 그가 보여준 불안의식을 보다 구체화시켰다는 것과 현실에 보다 밀착되어 나타나는 데에 의의가 있을 것이다. 그는「거리」에서 식민지적 상황을 끌려가는 며느리에 대한 시어머니의 하소연으로 대변하기도 한다. 그러나, 대체로 그의 초기시는 서경이 중심이 되어 불안한 시대상을 암시하면서 현실의 외면이 아닌, 현실을 덮어 버리는「밤」의 이미지를 설정하여, 그 내면 속에 민족적 의식이 깃들 여지는 마련했고 40년대 서정의 한 면을 보여 준다.

제3장 맺음말

이제까지 1940년대의 시적 양상을 살피기 위해 현실인식의 과정을 도출하고 그것을 중점으로 서술하였고, 40년대의 시적양상의 문제를 논의하여, 박남수의 시적세계를 간략히 밝혀 불안의식과 그에 따른 서정의 특성을 살폈다.

1940년대 시의 인식에 있어, 공백기, 암흑기는 40년대의 시적 성격과 성과를 구체적으로 제시하는 데에 도움이 되지 못한다. 그러므로써 민족정서가 표출되는 문학사로 재구되어야 한다고 말하였고, 박남수의 경우에도 일제말기의 극한상황에서도 독특한 서정세계를 보여줌에서 그 일말의 성격을 보여준다 하겠다.

이제 그에 대한 구체적이고 철저한 성격의 규명을 위하여, 보다 넓은 시각과 많은 시인을 비교 조명해야 할 것이다. 또한 국민시의 처리등 보다 신중을 기하는 문제가 남아있음을 기억해야 할 것이다. 그러한 면에서 이 글은 시론의 성격을 띠었다. 박남수 시의 경우에도 그의 시적 출발의 양상을 보였고, 그것이 어떻게 시적 변용의 과정을 거쳐 그의 시세계로 나갔는지도 앞으로의 과제다. 또한 1940년대 전기(1939년 전후~해방)시의 보다 진지한 연구는 그 뒤의 문학과 연관이나 논의의 바탕이 됨을 생각해야 할 것이다. 그러하므로써 온전한 40년대의 문학사는 정립될 것이다.

참고문헌

1) 이상섭, 문학비평용어사전, 민음사, 1983.
2) 김주연, 새로운 꿈을 위하여, 지식산업사, 1983.
3) 홍이섭, 한국정신사서설, 연대출판부, 1983.
4) 김윤식, 한국현대문학사, 일지사, 1979.
5) 오세영외, 한국현대시사연구, 일지사, 1983.
6) 송민호, 일제말 암흑기 문학의 저항, 동방학지 9집, 1968.
7) 김춘수, 시론, 문장, 1982.
8) 「문장」誌
9) 졸고, 청록파 시 연구, 연대대학원, 1987. 등